jamie's
reizen

KOSMOS

Kosmos Uitgevers, Utrecht/Antwerpen

Andere titels van Jamie Oliver

The Naked Chef
De Return of the Naked Chef
Happy Days met the Naked Chef
Jamie's Kitchen
Jamie's Dinners
Jamie's Italië
Kook met Jamie
Thuis bij Jamie
Jamie's kookrevolutie
Jamie's Amerika

jamie's reizen

ITALIË SPANJE GRIEKENLAND MAROKKO ZWEDEN FRANKRIJK

Klassieke gerechten met een twist geïnspireerd door mijn reizen

Fotografie door David Loftus
Ontwerp door Interstate Associates

KOSMOS

www.kosmosuitgevers.nl

Oorspronkelijke titel: Jamie Does
Oorspronkelijke uitgever: Penguin Books Ltd

Vertaling: Jaromir Schneider
Vormgeving omslag en binnenwerk:
Michelangela, Utrecht
ISBN 978 90 215 5000 8
NUR ...

Gedrukt in Italië bij Graphicom
Kleurcorrectie door Altaimage Ltd

JamieOliver.com

Voor mijn dierbare vriend en wereldberoemde fotograaf, David 'Lord' Loftus.

We werken nu al twaalf jaar samen en ik hoop dat we dat blijven doen totdat we allebei achter een rollator lopen! Enorm bedankt voor je tomeloze inzet, je prachtige foto's en je warme vriendschap. Liefs, Jamie

ITALIË SPANJE GRIEKENLAND MAROKKO ZWEDEN FRANKRIJK

Als ik de afgelopen jaren iéts geleerd heb, dan is het wel dat ik naar mijn gevoel moet luisteren. Na een retourvlucht van zeventig pond naar Marokko en een paar korte maar heerlijke dagen op de markten en in de steegjes van Marrakesh, vertelde mijn instinct me dat ik meer van dit soort reisjes moest maken. Alle nieuwe smaken, beelden, geluiden en geuren openden een nieuwe wereld voor me en ik deed heel veel nieuwe ideeën op... en dat is precies waar dit boek over gaat.

Dat reisje naar Marokko gaf me het laatste duwtje dat ik nodig had om eindelijk naar al die plekken te gaan waar ik al jaren over hoorde. Athene en de Griekse eilanden, Venetië, de Midi-Pyrénées in Frankrijk, het zonnige Andalusië in Spanje, en de schitterende stad Stockholm stonden hoog op mijn lijstje. Elke trip was kort maar krachtig, en overladen met verrukkelijk eten. *Jamie's reizen* gaat over mijn reactie op zulke impulsieve ingevingen en over het ontdekken van wat de wereld op een paar uur van je voordeur allemaal te bieden heeft.

Allereerst hoop ik natuurlijk van harte dat je de recepten in dit boek leuk vindt en ze in je repertoire opneemt. Ik heb geprobeerd mijn eigen draai te geven aan de topgerechten uit de diverse landen, zoals geweldige Spaanse paella, exotische Marokkaanse tajine, kakelverse Griekse salade, zalige Zweedse gehaktballetjes en een aantal onweerstaanbare Franse desserts. Daarnaast heb ik een aantal minder bekende, maar daarom niet minder verrukkelijke gerechten uitgekozen die ik tegenkwam in mijn eigen restaurants, in tapas-bars, in stalletjes in achterafstraatjes, en gewoon bij de mensen thuis. Voor mij vormen juist die gerechten het ultieme bewijs dat iedereen die zijn ogen de kost geeft en zich openstelt voor nieuwe dingen, fantastische nieuwe gerechten kan ontdekken. Als je de landen die ik in dit boek behandel al kent, is de kans groot dat je recepten tegenkomt voor gerechten die je al eens hebt gegeten; als dat het geval is, dan hoop ik oprecht dat mijn recepten mooie herinneringen naar boven halen, en dat je na het lezen van dit boek in staat bent ze zelf ook eens klaar te maken.

De bedoeling van dit boek is niet alleen om de gebruikelijke vraag 'wat zullen we nou weer eens eten?' te beantwoorden, maar ook om je impulsiviteit te vergroten. Met dit boek wil ik je duidelijk maken hoe eenvoudig, waardevol en spannend het is om in je auto te stappen of een trein, bus of vliegtuig te pakken, en je onder te dompelen in een 'vreemde' cultuur. Het hoeft helemaal niet om een lange vakantie te gaan. Mijn ervaring is dat een paar dagen weg uit je eigen beschermde omgeving voldoende is om je te voorzien van een dosis optimisme en positivisme waarmee je de dagelijkse sleur weer met frisse moed tegemoet kunt treden. Ik hoop dus echt dat dit meer is dan alleen een kookboek: ik hoop dat dat dit boek je ertoe aanzet zelf ook op pad te gaan.
De landen zijn er, en ze wachten op je.

POLIS

3 DH

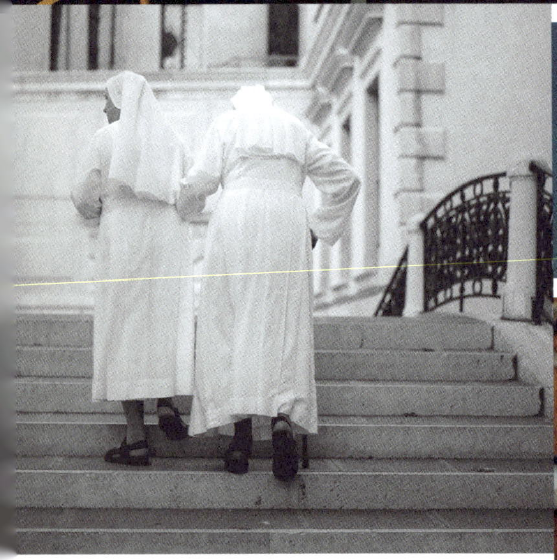

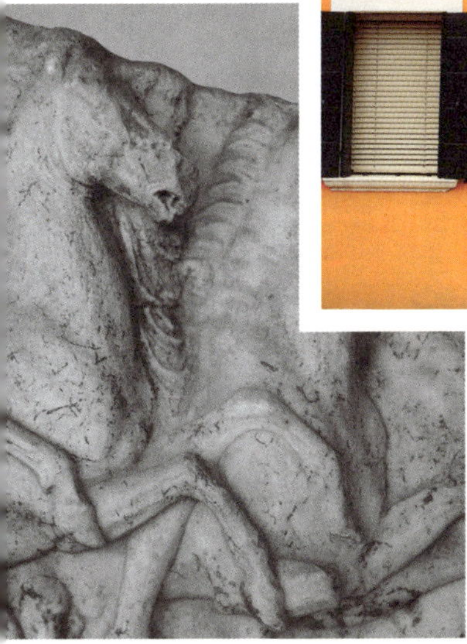
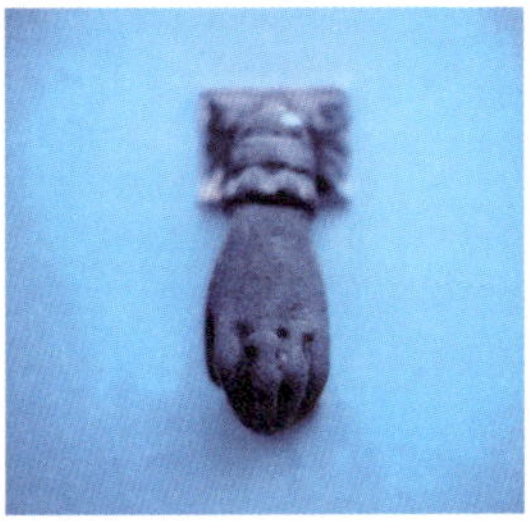

Een jaar of twintig geleden zouden deze reisjes een klein fortuin hebben gekost, en zou dit boek waarschijnlijk als elitair en upper class worden beschouwd, maar tijden veranderen. Tegenwoordig zijn er overal in Europa budgetvliegmaatschappijen met lastminuteaanbiedingen waarmee je in *no time* en voor minder geld dan voor een gemiddeld binnenlands treinkaartje naar een Europese bestemming vliegt.

Dus als je tegen een leuke aanbieding aanloopt, of het nou van Schiphol naar Madrid is of van Maastricht naar Berlijn, ga ervoor! Ga om de zo veel tijd gewoon eens op zoek naar inspiratie, je zult zien dat het werkt. Op de een of andere manier ga je er ook de kleine, dagelijkse dingen in je eigen omgeving meer door waarderen.

Kies een bestemming, ga erheen, stel je open en praat met de lokale bevolking. Eet wat zij eten en ga waar zij gaan. Het is echt niet nodig dat je de taal spreekt. Zolang je vriendelijk blijft lachen zul je merken dat de mensen overal hun uiterste best doen om je te laten zien wat ze zoal in huis hebben.

Vaak zijn het niet eens de ingewikkelde gerechten waar ze het meest trots op zijn, maar juist de eenvoudige, stevige stoofschotels die ze thuis eten, of de pittige gehaktballen die ze op een broodje doen. Ik vind dat heel leuk, want een van de belangrijkste dingen waar ik voor leef, en waarvoor ik de dingen doe die ik doe, is de diepe overtuiging dat je echt geen bakken geld hoeft te verdienen om jezelf of je gezin een vorstelijk maal voor te schotelen. Ik vind het vreselijk als mensen iets anders beweren, omdat ik gewoon zeker weet dat het onzin is. De eenvoudige boerensoepen uit Frankrijk en de voedzame risotto's uit Venetië die ik tijdens mijn tripjes tegenkwam, bevestigden voor mij eens temeer dat de eenvoudigste en meest pretentieloze gerechten vaak de beste zijn.

Dus alsjeblieft, geniet van dit boek, vermaak je met de recepten en trek er dan zelf op uit. Je bent vaak minder geld kwijt dan aan een weekendje flink stappen in je eigen stad, en je komt terug met een schat aan fantastische herinneringen. Ik heb stadsgidsjes samengesteld voor de bestemmingen waar ik voor dit boek ben geweest, dus als je een tripje plant of als je speciale plekjes waar mensen absoluut naartoe moeten met anderen wilt delen, surf dan naar www.jamieoliver.com/cityguides.

Wat ik wil zeggen, is dat je als je iets moois of leuks ontdekt, het nooit voor jezelf moet houden. Schrijf het op, maak er een foto van, neem het mee naar huis en deel het met je familie, je kinderen, je vrienden, kortom: met iedereen. Daar gaat het allemaal om. Heel veel plezier!

Liefs, Jamie

¡BUEN APETITO! BUON APPETITO! Καλή όρεξη!
BON APPÉTIT! !بالهنا و الشفاء SMAKLIG MÅLTID!

SPANJE

SPANJE

Spanje is een land waar je op slag verliefd op kunt worden. Het land heeft prachtige bergen en kusten, opwindende steden vol waanzinnige architectuur, warme, lieve mensen en een vooral een zalig klimaat.

Bovendien heeft Spanje de perfecte mix van modern gemak en ouderwetse charme. Dat komt absoluut tot uitdrukking in de eetcultuur: in het hele land maken ambachtelijke producenten gebruik van traditionele methodes om hun wereldberoemde gedroogde hammen, chorizoworsten, kazen, olies en wijnen te maken. Topchef-koks zoals Ferran Adrià van El Bulli (drie jaar achter elkaar uitgeroepen tot het beste restaurant ter wereld) hebben de Spaanse keuken naar een absoluut topniveau gebracht. Neem bijvoorbeeld het Noord-Spaanse San Sebastian, dat meer Michelinsterren per hoofd van de bevolking heeft dan welke andere stad ter wereld ook. Overtuigender bewijs van het niveau van de Spaanse keuken is nauwelijks denkbaar.

De bijzondere ligging en de lange geschiedenis hebben Spanje een bonte verzameling aan geniale en spannende gerechten opgeleverd. Als poort van Noord-Afrika naar het mediterrane Europa was Spanje eeuwenlang een doorgeefluik, en veel van de ingrediënten die van het ene naar het andere werelddeel werden verscheept bleven hangen, en werden na verloop van tijd in de lokale keuken geïntegreerd. De Grieken introduceerden olijven en olijfolie, en de Moren – Noord-Afrikaanse Arabieren – die gedurende vijfhonderd jaar in Spanje heersten, hebben grote invloed gehad op de moderne Spaanse keuken met fantastische ingrediënten als rijst, fruit en noten, en specerijen als saffraan, nootmuskaat en kaneel. Een ander belangrijk moment waarop nieuwe ingrediënten het land in kwamen, was aan het eind van de vijftiende eeuw, vanuit de nieuw ontdekte Amerikaanse gebieden. Plotseling had men de beschikking over producten als tomaten, bonen, aardappelen, chocolade en vanille, die de culinaire lat opnieuw een paar treetjes hoger legden!

Hoe meer ik tijdens dit reisje over de Spaanse geschiedenis te weten kwam, hoe meer ik die verschillende invloeden om me heen begon te zien: in de waanzinnige paellaschotels, in de pittige kruiden en specerijen in droge worsten, in de kleine kopjes gazpacho, en in de gekonfijte vruchtjes en

deegwaren in de snoepwinkels... de Spaanse keuken is echt een schatkamer aan verrukkelijke verrassingen.

Als het toenemende aantal Spaanse restaurants en tapasbars in Engeland maatgevend is, dan durf ik best te stellen dat de Spaanse keuken aan een stevige opmars bezig is. Ik vind het dan ook vreemd dat zo veel mensen die op vakantie naar Spanje gaan, hun neus ophalen voor de lokale keuken en liever naar restaurants gaan met dezelfde internationale happen die ze ook thuis kunnen eten. Wat een gemiste kans! Om het 'echte' Spanje te ontdekken moet je in de auto stappen en net zo lang blijven rijden tot de laatste tent met *fish and chips* achter de horizon verdwenen is.

Ik besloot tijdens dit reisje te ontdekken wat de bergen van Andalusië te bieden hebben. Ik reed vanaf Málaga in noordelijke richting naar het prachtige oude plaatsje Ronda, bakermat van de moderne stierengevechten en locatie van de machtige Puente Nuevo, de adembenemende brug die de bergen aan weerszijden van de El Tajo-kloof met elkaar verbindt. Het is niet alleen een spectaculaire plaats, maar bleek ook een perfect uitgangspunt te zijn om de kleinere dorpjes en stadjes in de omgeving te bezoeken.

Zoals het overgrote deel van Spanje is ook Andalusië gezegend met volop zonneschijn, dus hoewel het landschap overwegend steil en rotsachtig is, doen gewassen die van de zon afhankelijk zijn, zoals olijven, druiven en tomaten, het er uitstekend. Er zijn veel minder grote supermarkten dan in Engeland, wat volgens mij grotendeels komt door het feit dat veel mensen – ook in de steden – een eigen moestuin met uien en groentes hebben. Daarnaast zijn er tal van kleine leveranciers die de gaten in de markt opvullen, zodat de lokale bevolking nooit om goede producten verlegen hoeft te zitten.

In dit hoofdstuk geef ik mijn versie van een aantal Spaanse gerechten waar we allemaal wel eens van gehoord hebben, zoals paella en gazpacho, maar ook ideetjes voor kleine tapas – maar daarover later meer. De Spaanse benadering van voedsel is kort maar krachtig. Aan delicate, gecompliceerde gerechten doen ze niet. Het gaat om goede, eerlijke ingrediënten – supervers zeebanket, zorgvuldig gedroogde ham en prachtige zongerijpte tomaten – waar met behulp van minimale snufjes kruiden en specerijen heerlijke en spannende gerechten van worden gemaakt.

CUELA TAURINA
RONDA

SANTA TERESA

DE BESTE TOMATENSALADE MET CHORIZO TER WERELD

Voor 4 personen
als lichte maaltijd

- olijfolie
- 1 rauwe chorizoworst (ongeveer 225 g), ruwweg in plakjes gesneden
- 3 grote rijpe tomaten, grof gehakt
- 3 handen (270 g) kerstomaatjes, in kwarten gesneden, kleintjes gehalveerd
- 3 lente-uien of 1 sjalot, schoongemaakt of gepeld, in dunne plakjes gesneden
- zeezout en zwarte peper uit de molen
- Spaanse extra vierge olijfolie
- sherryazijn
- een klein bosje verse bladpeterselie (je kunt ook basilicum of munt gebruiken), alleen de blaadjes, fijngehakt
- 2 tenen knoflook, gepeld en in dunne plakjes gesneden
- een mooi boerenbrood, voor erbij
- desgewenst geitenkaas, voor erbij
- desgewenst pata negra-ham, voor erbij

Veel mensen eten hun hele leven de saaiste tomatensalades die je je kunt voorstellen terwijl dat helemaal nergens voor nodig is! Als je echt rijpe, zoete tomaten combineert met een topingrediënt als chorizo krijg je iets heel erg lekkers.

Chorizo is in Spanje terecht de koning onder de worsten omdat hij zo veelzijdig is: je kunt chorizo rauw kopen om te grillen of te bakken, of voorgekookt om zo te eten. De smaak varieert van mild tot flink pittig, waardoor er voor elk recept wel een geschikte soort voorhanden is. Als je nog nooit sherryazijn hebt gebruikt, moet je dat zeker eens doen. Het maakt je dressing echt heel bijzonder.

Doe een scheutje olijfolie in een koekenpan en bak de plakjes chorizo op matig vuur. Roer geregeld met een houten lepel terwijl je met je tomaten en lente-uien in de weer gaat. Doe ze met een flinke snuf zout en peper, een scheut extra vierge olijfolie en een klein scheutje sherryazijn in een kom. Strooi er de gehakte peterselie over, hussel alles door elkaar en zet de kom even opzij.

Als het goed is zijn de plakjes chorizo intussen lekker krokant en drijven ze in een flinke laag van hun eigen vet; dat is het moment van de waarheid. Doe de plakjes knoflook bij de worst in de pan en blijf roeren. Ze mogen absoluut niet aanbranden, dus haal de pan van het vuur zodra ze heerlijk beginnen te ruiken en blus ze af met een klein scheutje sherryazijn. Roer even en schep de plakjes chorizo met een klein beetje van de geurige olie en een paar plakjes knoflook over de salade (schenk het vet uit de pan in een jampotje en bewaar het in de koelkast – als je er een kip mee insmeert voordat je hem roostert, wordt hij echt waanzinnig lekker).

Hussel de salade door elkaar en zet hem meteen op tafel. Geef er stukken brood bij om het pittige, knoflookachtige sap mee op te deppen, en eventueel een paar kleine blokjes geitenkaas. Ik serveer deze salade vaak met stukjes pata negra – dat is een heerlijk geurende, gedroogde ham van het beroemde Iberische varken, die bij de betere supermarkt verkrijgbaar is.

MIJN MOORSE KARBONADES

Voor 4 personen

Voor de karbonades

- een paar takjes verse oregano of marjolein, alleen de blaadjes
- zeezout en zwarte peper uit de molen
- een klein handje rozijnen
- droge sherry van goede kwaliteit
- Spaanse extra vierge olijfolie
- 4 grote, dikke karbonades (van ongeveer 350 g elk), met bot, de beste kwaliteit die je kunt krijgen

Voor de bonen

- afgesneden vetrandjes van een paar plakjes pata negra en een paar kleine stukjes van het vlees (of 2 plakken gerookte doorregen bacon of pancetta, grof gehakt)
- olijfolie
- 1 rode ui, gepeld en fijngehakt
- 1 grote rode paprika, zonder zaadjes, grof gehakt
- een paar takjes verse rozemarijn, alleen de blaadjes
- een paar verse laurierblaadjes
- 1 pot van 540 g Spaanse witte bonen, uitgelekt
- 400 g snijbiet, steeltjes apart van de blaadjes, of bladspinazie

Toen de Moren Spanje binnenvielen, brachten ze druiven en gedroogde vruchten mee. Hun voorliefde voor de combinatie van gedroogd fruit en vlees heeft een duidelijk stempel op de Spaanse keuken gedrukt, en dit is mijn ode aan dat deel van de Spaanse geschiedenis. Als je deze dikke, malse karbonades aansnijdt, krijg je een hap heerlijke vulling tussen twee plakjes perfect gaar vlees. Vraag bij je slager om karbonades van 2½ centimeter dik, liefst met twee verschillende kleuren vlees: het donkere, zoetere deel, en het lichte stuk, dat iets magerder is. Ga voor de bonen naar een gespecialiseerde winkel. Spaanse bonen zijn de Rolls Royces onder de bonen.

Stamp het grootste deel van de oreganoblaadjes met een snufje zout en peper in een vijzel fijn. Hak de rozijnen in grove stukjes en doe ze met een of twee scheutjes sherry en een scheut extra vierge olijfolie bij de blaadjes in de vijzel. Wrijf het mengsel tot een pasta en laat die een minuutje staan.

Leg de karbonades met de vetrand van je af voor je neer, steek voorzichtig een mes in de kant die het dichtst bij je ligt en beweeg het lemmet zachtjes heen en weer om een zakje in het vlees te maken. Vul de zakjes nu voorzichtig met de rozijnenpasta.

Bak de reepjes vet van de pata negra of bacon eerst een paar minuten aan in een middelgrote koekenpan op hoog vuur, en doe er vervolgens de snijrestjes vlees (of de plakjes bacon) en een scheutje olijfolie bij. Roer er de gehakte ui en paprika door, draai het vuur laag en laat het mengsel 5 minuten zachtjes bakken tot de groentes zacht zijn. Hak de blaadjes rozemarijn in grove stukjes en doe ze samen met de laurierblaadjes in de pan.

Doe de bonen met 3½ deciliter water in de pan, roer, en laat ze ongeveer 20 minuten zachtjes pruttelen. Houd de boel goed in de gaten en schenk er nog wat extra water bij als ze droog dreigen te koken.

Steek de barbecue aan of laat de grillpan goed heet worden. Wrijf de karbonades in met wat olijfolie en een flinke snuf zout en peper. Leg ze op de hete kant van de barbecue, schroei ze 2 tot 3 minuten aan elke kant om ze een mooi kleurtje te geven, en laat ze vervolgens aan de minder hete kant gaar worden. Draai als je een grillpan gebruikt het vuur na het aanbakken wat lager en laat de karbonades nog ongeveer 10 minuten bakken terwijl je ze regelmatig omdraait.

Hak intussen de steeltjes van de snijbiet fijn en doe ze bij de bonen in de pan. Hak de blaadjes in grove stukjes en laat ze de laatste 2 minuten meekoken. Proef de bonen en breng ze eventueel met zout en peper op smaak. Laat ze nog een paar minuten koken als je een iets dikkere, sausachtige consistentie wilt. Verdeel de bonen over vier borden en leg er een karbonade op. Strooi de apart gehouden blaadjes oregano op het vlees, maak het af met een drupje extra vierge olijfolie.

HEERLIJKE EN EENVOUDIGE SPAANSE GAZPACHO

Voor 8 tapasglaasjes (van 1½ dl) of 4 kommen

- ¼ wit brood (250 g) van een dag oud
- 4 tot 5 grote, rijpe rode tomaten
- ¾ komkommer, geschild en in grove stukjes gehakt
- 1 groene paprika, zonder zaadjes en grof gehakt
- 2 tenen knoflook, gepeld
- Spaanse extra vierge olijfolie
- sherryazijn
- zeezout en zwarte peper uit de molen
- desgewenst een schepje suiker
- desgewenst garneringen: verse fijne tuinkruiden, rode paprika, lente-ui, Serranoham of kwarteleitjes

Tijdens deze reis realiseerde ik me ineens dat mensen buiten Spanje niet begrijpen waar het bij dit gerecht eigenlijk om gaat - níét om felrode, koude soep in deftige kommetjes; de herkomst is juist sober, authentiek en heel simpel. De naam 'gazpacho' is afgeleid van 'caspa' ('klein stukje') omdat dit Spaanse culinaire pareltje oorspronkelijk gebonden werd met stukjes oud brood. Het is trouwens wel belangrijk om goed brood van de bakker te gebruiken. Het gesneden spul uit de supermarkt gedraagt zich heel anders als het oud is.

In Andalusië ontdekte ik een razendsnelle manier om deze soep te maken. Erg handig als je geen tijd hebt om hem lang in de koelkast te zetten. Leg de ingrediënten op ijs en maal alles in een keukenmachine door elkaar. In dit recept heb ik de tomaten gepeld, maar als je daar geen zin in hebt, kan het ook met ongepelde. Op de smaak heeft het geen invloed, alleen de structuur wordt iets anders - je mag het zelf weten. Met dit recept ga je echt terug naar de basis en zet je een heerlijk frisse appetizer op tafel.

Snijd het brood in plakjes, haal de korstjes eraf en leg met 1 deciliter water in een kom. Prik de tomaten aan de bovenkant in met een scherp mes, leg ze in een kom en schenk er kokend water op. Laat ze ongeveer 30 seconden staan en giet ze af. Trek er als ze voldoende zijn afgekoeld de velletjes af en ga verder met de rest van de groentes.

Doe de gepelde tomaten, de gehakte groentes en de tenen knoflook in de grootste serveerkan of mengbeker die je in huis hebt. Strooi er de gewelde stukjes brood op en schenk er een of twee flinke scheuten extra vierge olijfolie en een klein scheutje sherryazijn bij. Hak alles met een staafmixer of in een blender en proef vervolgens een hapje. Doe er een snufje zout en peper bij, en een flinke scheut water om de soep te verdunnen, hak alles nogmaals door elkaar, proef nog een keer en breng het zout en zuur perfect in balans. In Spanje doen ze er vaak een schepje suiker bij om hem extra zoet te maken, maar als de tomaten rijp genoeg zijn, is dat eigenlijk niet nodig. Deze gazpacho is misschien iets minder rood dan je gewend bent, maar dat is oké, het brood geeft de soep een - authentieke - roze- tot oranjeachtige kleur. Dek de kan af met keukenfolie en zet hem in de koelkast tot de gazpacho echt goed koud is.

Verdeel de soep als hij volledig afgekoeld is over de glaasjes of kommen. Sprenkel er een drupje extra vierge olijfolie op en garneer de soep met garnering naar keuze: verse tuinkruiden, heel fijn gehakte paprika of ui, plakjes Serranoham, of leg er als je het chic wilt maken een half hardgekookt kwarteleitje op. Heerlijk fris en eenvoudig.

Ik had nooit gedacht dat ik nog eens paella voor een heel dorp zou maken. De inhoud van die enorme pan continu in beweging houden was zowel fysiek als mentaal enorm vermoeiend, maar ik kan zeggen dat het resultaat er mocht wezen. Wat een schitterend ritueel.

MIJN FAVORIETE PAELLA

Voor 4-6 personen

- olijfolie
- 2 rauwe chorizoworstjes (ongeveer 250 g in totaal), in dikke plakjes gesneden
- 300 g varkensbuik, zonder vel, de beste kwaliteit die je je kunt veroorloven, in blokjes van 1 cm gesneden
- 1 groene paprika, zonder zaadjes en grof gehakt
- 1 rode paprika, zonder zaadjes en grof gehakt
- 5 tenen knoflook, gepeld en grof gehakt
- 1 ui, gepeld en grof gehakt
- een klein bosje verse bladpeterselie, de blaadjes grof gehakt, de steeltjes fijngehakt
- zeezout en zwarte peper uit de molen
- een flinke pluk saffraan
- 400 g kamschelpen of mosselen, geschrobd en zonder baard
- 300 g paellarijst
- 200 g rode paprika's in olie, uit een potje, uitgelekt en in stukjes getrokken
- 1 blik van 400 g gehakte tomaten
- 1 liter kippen- of groentebouillon, liefst biologisch
- 12 grote garnalen, met schaal
- 150 g inktvis, schoongemaakt en in dunne plakjes gesneden
- 150 g sperziebonen, diagonaal in dunne plakjes gesneden
- 1 citroen, in partjes gesneden

Als jong jochie kon ik me bij het idee van vlees én vis in een gerecht echt helemaal niets voorstellen, maar toen ik de combinatie van texturen en rooksmaken eenmaal had geproefd, was ik meteen verkocht. Het is een harmonieus, spannend topgerecht dat bovendien erg prettig is voor de maag. Sommige Spanjaarden vinden dat er absoluut geen chorizo in hoort, maar ik vind het heerlijk dus ik doe dat wel. Goede paellapannen (zoals die op de foto) zijn verkrijgbaar bij de betere warenhuizen, maar een grote, ondiepe pan (met een doorsnee van ongeveer 30 centimeter) is ook goed.

Dit is zonder twijfel een van de beroemdste gerechten van Spanje. Hoewel je er eindeloos mee kunt variëren en het erg lekker is, was het oorspronkelijk niet bedoeld als het visueel aantrekkelijke, overdadige gerecht dat het nu is. Het is bedacht door boeren die alle restjes groente, vlees en vis bij elkaar schraapten en er met rijst een voedzaam gerecht van maakten. In de loop der tijd heeft het zich zodanig ontwikkeld dat het in bijna elke streek van Spanje als lokale specialiteit wordt beschouwd. En dat is nou precies wat ik zo mooi vind aan paella. Je kunt er heel eenvoudig een eigen draai aan geven door van de basis uit te gaan, en er vervolgens de seizoenproducten bij te doen die je kunt krijgen.

Verhit een wijde pan met een scheut olijfolie op matig vuur en doe er de plakjes chorizo en stukjes varkensbuik in. Bak het vlees ongeveer 10 minuten en blijf regelmatig roeren. Doe er zodra de chorizo verkleurt en het vet eruit begint te lopen de gehakte paprika, knoflook, ui en peterseliesteeltjes bij, en breng het mengsel op smaak met een flinke snuf zout en peper en de pluk saffraan. Laat alles 10 minuten zachtjes bakken tot de groentes zacht beginnen te worden. Zoek intussen de schelpen of mosselen uit en gooi exemplaren die niet strak dicht zitten weg.

Doe de rijst en uitgelekte stukjes paprika uit de pot in de pan, blijf een paar minuten roeren tot de rijst goed aangemaakt is, giet er dan de gehakte tomaten en 8 deciliter van de bouillon bij, en voeg naar smaak zout en peper toe. Breng alles aan de kook, draai het vuur laag en blijf ongeveer 15 minuten continu roeren. Schep de rijst regelmatig van de rand naar het midden zodat je een soort rijstebrijberg in het midden van de pan krijgt (let wel goed op dat het niet aanbrandt), strijk de hele boel glad met je lepel en begin weer van voren af aan.

Na 15 minuten is de rijst gaar, maar heeft hij nog wel beet; dan is het tijd om er de mosselen of schelpen en de garnalen bij te doen. Als de rijst te droog is, kun je er nu ook een extra scheut bouillon bij doen. Blijf roeren en doe er als de schelpen en mosselen open beginnen te gaan en de garnalen roze worden, de inktvis en de sperzieboontjes bij. Laat het geheel nog een minuut of vijf koken. Gooi schelpen en mosselen die niet opengaan weg. Roer er de gehakte peterseliebladjes en het sap van de helft van je partjes citroen door, en zet de pan paella op tafel met de andere helft van de partjes citroen er op een schaaltje naast.

MI PESCADO A LA SAL (MIJN IN ZOUT GEBAKKEN VIS)

Voor 2 personen

Voor de vis

- 1 kilo grof zeezout
- 2 grote eieren, liefst vrije uitloop of biologisch
- 1½ eetlepel venkelzaad
- 1 citroen
- 1 zeebaars van 600 g of 2 afgemeten porties zeebrasem, ingewanden en kieuwen verwijderd, met schubben
- een klein bosje vers basilicum
- een klein bosje verse bladpeterselie

Voor de aioli

- 3 tenen knoflook, gepeld
- een snufje saffraan
- zeezout
- ½ dl olijfolie
- ½ dl Spaanse extra vierge olijfolie van goede kwaliteit
- citroen

Voor de salade

- ½ komkommer, geschild
- een flinke hand groene olijven, zonder pit
- 2 rode paprika's uit een pot
- een paar takjes verse bladpeterselie, alleen de blaadjes, gehakt
- zwarte peper uit de molen

Deze Spaanse techniek waarbij de vis in dikke laag zout gebakken wordt, is niet alleen heel theatraal, maar levert ook een subliem gare vis op. Het zout vormt een soort micro-oventje rond de vis; je hoeft het niet op te eten. Zorg er wel voor dat de vis die je gebruikt niet geschubd is, omdat de schubben ervoor zorgen dat het sap tijdens het bakken in het vlees wordt vastgehouden. Vanzelfsprekend is de aangegeven tijd afhankelijk van de grootte van de vis en de temperatuur van je oven, maar zolang je de boel goed in de gaten houdt en je de vis even test door er met een mes in te prikken, komt alles goed.

Zet de oven op de hoogste stand aan. Doe het grove zout met 2 eetlepels water, de eieren, het venkelzaad en de geraspte schil van de citroen in een grote kom. Werk alles door elkaar tot je een kleverig, modderig mengsel hebt en spreid twee derde deel ervan in een dikke laag uit op de bodem van een braadslede. Vul de buikholte van de vis met het basilicum en de peterselie, leg hem op het bedje van zout en dek hem af met de rest van het zout, zodat er een laagje van ongeveer 1½ centimeter op zit. Druk de hele boel stevig aan en zet de vis zo 15 minuten in de oven.

Haal de braadslede na 15 minuten uit de oven, prik met de punt van een scherp mes in het midden van de vis, door de zoutkorst heen, en voel voorzichtig met je lip of het metaal heet is. Is dat het geval, dan is de vis gaar. Laat hem nog 10 minuten staan.

Stamp intussen de knoflook, saffraan en een flinke snuf zout in een vijzel door elkaar tot je een feloranje pasta hebt. Gebruik de stamper om er scheutje voor scheutje de normale olijfolie doorheen te werken. Wees geduldig en wacht tot de olie volledig door de pasta is opgenomen voordat je er het volgende scheutje bij schenkt. Doe hetzelfde met de extra vierge olijfolie. Mocht het mengsel gaan schiften, dan moet je het even uit de kom scheppen, nog wat zout en knoflook door elkaar stampen en er vervolgens heel langzaam het geschifte mengsel doorheen werken. Ook dan: wees geduldig! Ga naar www.jamieoliver.com/how-to als je wilt zien hoe het in zijn werk gaat. Proef een hapje. In eerste instantie smaakt het heftig, maar zo hoort het. Doe er 1-2 kneepjes citroensap bij en proef nogmaals.

Snijd de halve komkommer in dikke plakjes en doe ze in een kom. Trek de olijven in stukjes en doe ze samen met de gesnipperde stukjes paprika, de peterselie, een kneepje citroensap en een scheutje extra vierge olijfolie bij de komkommer. Voeg naar smaak zout en peper toe en hussel alles goed door elkaar.

Sla de rand van de harde zoutkorst rondom kapot met de achterkant van een lepel. Als je geluk hebt, komt de bovenkant mooi in één stuk los. Veeg overtollig zout van de vis af. Schep de vis voorzichtig op een schaal. Snijd hem langs de ruggengraat tot aan de kop in, en snijd hem pal onder de kop door. Gebruik het mes om de graten te zoeken en trek de filets voorzichtig open alsof je een boek openklapt. Gooi het vel en de graat weg, schep het vlees met een flinke lepel aioli op de borden en serveer er de salade bij.

Dit jaar ben ik om verschillende redenen in situaties verzeild geraakt waarin ik in de buurt van stieren moest werken. Ik kan je als ervaringsdeskundige melden dat maar weinig dingen zo angstaanjagend zijn als een halve ton pure spiermassa die op je af komt stormen. Ik was dan ook blij verrast dat deze jonge matadors een stel oude hoorns op een soort kruiwagen gebruiken om mee te trainen in plaats van een echte stier!

VLUG ONTBIJT MET KWARTELEITJES EN BLOEDWORST

Voor 2 personen

- olijfolie
- een paar centimeter morcilla of bloedworst (ongeveer 100 g), in grove plakjes gesneden
- Spaanse extra vierge olijfolie
- 4 kwarteleitjes
- 4 sneetjes stokbrood
- 2 kerstomaatjes, gehalveerd
- 4 plakjes pata negra- of Serranoham
- zeezout en zwarte peper uit de molen
- desgewenst een klein beetje flinterdun gesneden verse, rode Spaanse peper, voor erbij

Ik dacht altijd dat kwarteleitjes iets waren voor deftige picknicks, maar omdat Spanjaarden ze ook veel bij tapas gebruiken kwam ik op het idee voor dit ontbijt. Ze zijn zo piepklein en lekker dat je er makkelijk een paar op kunt zonder dat je je overdreven gulzig voelt. Morcilla is overal in Spanje te koop. Het wordt gemaakt van bloed en varkensvet, net als onze bloedworst, maar de Spanjaarden doen er heel andere kruiden bij, waardoor de smaak veel interessanter en gevarieerder is dan bij ons - ze gebruiken bijvoorbeeld kruidnagel, kaneel, paprikapoeder en een klein beetje oregano.

Het klinkt misschien als een hele onderneming, maar na een paar keer oefenen gaat het een stuk sneller en efficiënter, en is alles mooi tegelijk klaar. Aan de slag dus.

Sprenkel een scheutje olijfolie in een kleine koekenpan op matig vuur en leg er de plakjes morcilla of bloedworst in. Bak ze ongeveer 5 minuten en keer ze regelmatig om. Laat de plakjes als ze lekker krokant zijn op een stuk keukenpapier uitlekken. Spoel de pan onder de koude kraan af en veeg hem met keukenpapier schoon. Sprenkel er een klein beetje extra vierge olijfolie in. Zet de pan nog niet op het vuur maar breek er eerst de kwarteleitjes in (ze zijn heerlijk maar wel heel klein). Doe de sneetjes stokbrood in de broodrooster. Zet nu de pan op het vuur en bak de eitjes een minuut of twee tot ze naar wens zijn. Houd de pan scheef en schep een beetje van de olie op de eitjes om de bovenkant ook mooi glad en gaar te maken.

Wrijf de krokant geroosterde broodjes in met de gehalveerde tomaatjes en sprenkel er een paar drupjes extra vierge olijfolie over. Leg de broodjes naast een hoopje krokant gebakken plakjes morcilla op de borden. Leg een plakje pata negra of Serranoham en een gebakken eitje op elk van de broodjes, en strooi er een snufje zout en peper en desgewenst een paar flinterdunne ringetjes Spaanse peper op. Kijk eens aan: een vlug en gemakkelijk ontbijtje - vier van de lekkerste hapjes die je je voor kunt stellen.

SOLUTION

TAPAS

De geschiedenis van tapas spreekt me heel erg aan omdat het laat zien hoe de simpelste dingen zich tot iets heel bijzonders kunnen ontwikkelen.

Als Spaanse mannen vroeger op warme dagen in het café zaten, was het vreselijk irritant dat er voortdurend vliegjes en muggen in hun drankjes terechtkwamen. Dat probleem loste men op door schoteltjes op de glazen en kannen te leggen, en op een dag kwam iemand op het lumineuze idee om kleine stukjes kaas, brood en andere lekkernijen op de dekseltjes te leggen. De 'tapas' waren geboren. Het woord 'tapas' is afgeleid van het Spaanse woord 'tapar', dat 'afdekken' betekent, en de karakteristieke hapjes vormen inmiddels een vast onderdeel van de Spaanse cultuur. Het is vrijwel ondenkbaar dat je iets drinkt zonder er een paar kleine gerechtjes bij te nemen.

Aan de bar hangen met een glaasje en een paar tapas, is volgens mij een van de fijnste dingen die er is. Maar wat me als kok het meest aanspreekt, is dat er voor iedereen geschikte tapas zijn, ongeacht herkomst of budget. Het is echt een fantastisch concept en in veel gevallen een feest van smaak. Het maakt ook helemaal niet uit als je geen authentieke Spaanse ingrediënten in huis hebt, omdat je het basisidee van tapas toe kunt passen op wat je maar wilt: een restje ham, een paar blokjes oude kaas met een drupje lavendelhoning, kleine stukjes gebakken vis met een paar teentjes knoflook, eenvoudige gebakken aardappeltjes, mini-Scotch eggs of zelfs dunne plakjes varkenspastei – noem maar op. Alles is mogelijk: felgekleurde of donkere dingen, warme en koude dingen, knapperige en zachte dingen, vis, vlees, kaas, groente, kliekjes... de enige regel is dat er geen regels zijn!

Bestel avontuurlijk en experimenteel. Als je iets niet lekker vindt, is dat geen probleem. Omdat ze zelden veel kosten, bestel je dan gewoon iets anders. Waar veel mensen de fout mee in gaan is dat ze te veel verschillende hapjes tegelijk bestellen. Je kunt het best aan de barman vragen wat goed is, een of twee hapjes uitkiezen en daarna verder zien. Neem er vooral je tijd voor, het is een proces waar je rustig van hoort te genieten.

CROQUETAS

Voor 4 personen als tapasgerecht

- 50 g boter
- 2 eetlepels Spaanse extra vierge olijfolie
- 75 g bloem, plus 50 g extra voor het jasje
- 3 dl melk
- zeezout en zwarte peper uit de molen
- ½ theelepel geraspte nootmuskaat
- 50 g harde kaas, zoals Manchego of cheddar, geraspt
- 2 grote plakken Serranoham, in grove stukjes gehakt
- 1 groot ei, liefst vrije uitloop of biologisch
- 100 g fijn broodkruim
- zonnebloem- of arachideolie

Croquetas worden maar al te vaak verward met hun enigszins treurige neefje de aardappelkroket, maar neem van mij aan dat de Spaanse croquetas van een heel andere orde zijn. Ze zijn gevuld met een romig mengsel op basis van bechamelsaus dat smelt in de mond. Omdat ze behoorlijk machtig zijn, heb je er aan een of twee per persoon meer dan genoeg. Dat maakt ze ook zo geschikt als tapas. Om ze een extra Spaans tintje te geven doe ik Manchego en stukjes Serranoham door mijn bechamelsaus. Zet een schaaltje van deze jongens op tafel en ze zijn op voordat je het weet.

Smelt de boter met de extra vierge olijfolie in een grote pan op laag tot halfhoog vuur. Roer er als de boter helemaal gesmolten is lepel voor lepel de 75 gram bloem door en wacht tussendoor telkens tot het volledig opgelost is. Blijf roeren tot je een mooie dikke pasta hebt en de boter volledig verzadigd is. Giet de melk er vervolgens met kleine scheutjes tegelijk bij en blijf ook nu weer continu roeren zodat je een glad, klontvrij mengsel krijgt. Blijf als alle melk erbij zit nog een minuut of twee roeren tot de saus goed begint te binden. Breng hem op smaak met een flinke snuf zout en peper, de geraspte nootmuskaat en de kaas. Haal de pan van het vuur, laat het mengsel afkoelen en roer er de stukjes ham door. Dek de pan af met folie en zet de saus ongeveer een uur in de koelkast om op te stijven.

Zet drie diepe borden neer en doe in het eerste bord het losgeklopte ei, in het tweede het broodkruim en in het derde de 50 gram bloem. Breng de bloem met een snufje zout en peper op smaak. Stuif wat bloem op je handen, schep een flinke eetlepel van de opgesteven vulling in je hand, rol er een worstje van en haal het worstje eerst door de bloem, dan door het ei en ten slotte door het broodkruim.

Vul een middelgrote, zware pan tot ongeveer halverwege de rand met zonnebloem- of arachideolie en zet hem op hoog vuur. Stuur kinderen en huisdieren tijdens het frituren altijd even de keuken uit omdat de hete olie lelijke brandwonden kan veroorzaken. Gooi een klein stukje aardappel in het hete vet. Als het stukje goudbruin en krokant boven komt drijven, is de olie op temperatuur. Deze croquetas kun je het best in porties van 4 à 5 stuks tegelijk bakken. Schep ze voorzichtig met een schuimspaan in de pan en bak ze 2-3 minuten, of tot ze rondom mooi goudbruin zijn. De temperatuur van de olie is erg belangrijk omdat ze anders smelten en hun vorm verliezen. Laat ze na het bakken heel even op een stuk keukenpapier uitlekken, strooi er een snufje zeezout op en zet ze direct op tafel.

PS Het staat je volledig vrij om met andere vleeswaren, kazen of paddenstoelen te experimenteren. Leef je uit!

KLEINE GEHAKTBALLETJES

Voor 4 personen als tapasgerecht (voor 12 kleine gehaktballetjes)

- olijfolie
- een klein bosje bladpeterselie
- 1 ui, gepeld en fijngehakt
- 2 tenen knoflook, gepeld, 1 fijngehakt en 1 in dunne plakjes gesneden
- 250 g runder- of varkensgehakt (of een mengsel), de beste kwaliteit die je je kunt veroorloven
- 1 grote eidooier, liefst vrije uitloop of biologisch
- 25 g fijn broodkruim
- zeezout en zwarte peper uit de molen
- 1 kleine, gedroogde, rode Spaanse peper
- 2 grote rijpe tomaten
- 1 citroen
- Spaanse extra vierge olijfolie

Ik weet niet wat het is met gehaktballen, maar het lijkt wel alsof elk land zijn eigen versie heeft. Zweden serveren ze met dikke jus en bessen, Amerikanen stoppen ze in kleine broodjes en noemen ze 'sliders' en Italianen husselen ze met tomatensaus door de spaghetti. Iedereen is er dol op! Een paar gehaktballetjes als tussendoortje, zoals ze in Spanje doen, is ook een prima idee, en door een vleugje citroen aan de saus toe te voegen maak je ze heerlijk fris. Verrukkelijk bij een koud biertje of een glaasje wijn.

Verhit een scheut olijfolie in een koekenpan op matig vuur. Snijd de peterseliesteeltjes fijn en doe ze met helft van de fijngehakte ui in de pan. Laat de uisnippers een paar minuten zachtjes bakken en doe er als ze zacht beginnen te worden de gehakte knoflook bij. Laat het mengsel nog een paar minuten bakken tot de uitjes helemaal zacht zijn en schep in een kom om af te koelen.

Doe het gehakt, de eidooier en het broodkruim bij het afgekoelde uimengsel in de kom. Hak het grootste deel van de peterselieblaadjes in grove stukjes en doe die ook in de kom. Breng het gehaktmengsel met zout en peper op smaak, kruimel er het gedroogde pepertje bij en werk alles met schone handen grondig door elkaar. Rol het mengsel in 12 gelijke balletjes, leg ze op een ingevette bakplaat, dek ze af met keukenfolie en zet ze ongeveer een halfuur in de koelkast om op te stijven.

Hoewel de balletjes beter in vorm blijven als je ze in de koelkast zet, sla ik die stap vaak over en neem de gok. Je loopt de kans dat ze een beetje uitzakken, maar dat is niet het einde van de wereld, en ze smaken er zeker niet minder om.

Haal de gehaktballetjes als je zover bent uit de koelkast. Prik met een scherp mes een paar gaatjes in de tomaten, leg ze in een kom en schenk er kokend water op. Laat ze ongeveer 30 seconden staan, vis ze met een keukentang uit het hete water, wacht tot ze voldoende afgekoeld zijn en trek er dan de velletjes af. Knijp de zaadjes eruit en hak het vruchtvlees in kleine stukjes. Zet een pan met een scheut olijfolie op hoog vuur, leg de gehaktballetjes in het hete vet en houd ze ongeveer 8 minuten in beweging tot ze rondom mooi bruin zijn. Doe er de rest van de gehakte ui en de plakjes knoflook bij, laat alles een paar minuten bakken en doe er vervolgens de gehakte tomaat en citroen bij. Schep de boel gedurende ongeveer 5 minuten regelmatig om tot alles er heerlijk uitziet en de uisnippers zacht en gaar zijn. Snijd de citroen doormidden en pers het sap van één helft bij de balletjes. Hak een theelepeltje vruchtvlees van de andere helft fijn en schep dat ook in de pan.

Schep de balletjes met saus en al op een serveerschaal, breng ze op smaak met een snufje zout en peper, sprenkel er wat extra vierge olijfolie over en strooi er ten slotte de blaadjes peterselie over.

GEBLAKERDE PIEMENTOS DE PADRÓN

Voor 4 personen als tapasgerecht

Zet een grote, droge pan op hoog vuur. Doe er als hij goed heet is een scheut **olijfolie** en alle **piementos de padrón** uit een potje van 150 gram (ongeveer 20 stuks) in. Laat ongeveer 15 minuten bakken terwijl je ze regelmatig omkeert, tot er hier en daar zwarte blaasjes op zitten. Strooi er een flinke snuf **zeezout** op en zet ze meteen op tafel.

MANCHEGO

Voor 4 personen als tapasgerecht

Snijd een stuk van 125 gram **Manchego** in stukjes. Sprenkel er 1 eetlepel **vloeibare honing** over en leg er een paar kleine takjes **verse tijm** op.

KLEVERIGE PIJNPITTEN EN ARTISJOKKEN

Voor 4 personen als tapasgerecht

Verhit een scheut **olijfolie** in een koekenpan op matig vuur. Schil met een dunschiller vrij dikke reepjes van een ¼ **citroen** en doe ze in de pan. Laat een paar minuten bakken tot ze lekker krokant zijn en doe er dan 2 takjes **verse tijm** en 50 gram **pijnpitten** bij. Blijf alles goed door elkaar husselen en laat als de pijnpitten goudbruin beginnen te worden een potje van 290 gram **artisjokharten** uitlekken.

Snijd de grotere harten doormidden of in kwarten en doe ze bij de pijnpitten in de pan. Roer er 1 theelepel **honing** door, breng op smaak met **zeezout** en **zwarte peper uit de molen** en laat een paar minuten bakken tot alles heerlijk plakkerig is. Schep het mengsel op een bord en tast toe.

GEGRILDE ASPERGES

Voor 4 personen als tapasgerecht

Zet een grillpan 5 minuten op hoog vuur en laat hem echt gloeiendheet worden. Breek intussen de houtachtige uiteinden van 500 gram **groene asperges** en gooi die weg. Gril de asperges 5-8 minuten, terwijl je ze regelmatig draait, tot ze behoorlijk geschroeid en heerlijk nootachtig van smaak zijn.

Stamp intussen in een vijzel een **teen knoflook** fijn met een snufje **zeezout** en **zwarte peper uit de molen** en roer er het sap van ½ **citroen** en 3 keer zo veel **Spaanse extra vierge olijfolie** door. Leg de gegrilde asperges in een platte kom, maak ze aan met de dressing en laat ze een paar minuten marineren. Schep ze op een bord en serveer er een handje **groene olijven** zonder pit en wat geraspte citroenschil bij.

CHORIZO MET KNOFLOOK

Voor 4 personen als tapasgerecht

Snijd 150 gram **gekookte chorizoworst** in grove, dikke plakjes. Doe ze met een scheutje **olijfolie** in een hete pan en bak ze 3-4 minuten terwijl je ze geregeld keert. Doe er als de plakjes chorizo goudbruin en krokant beginnen te worden 4 gepelde en in plakjes gesneden tenen **knoflook** bij, laat ze een minuut meebakken en haal de pan van het vuur. Schep er 1½ eetlepel **sherryazijn** en een theelepel **honing** bij, roer alles goed door elkaar en zet de pan nog een minuut terug op het vuur om alles te laten karamelliseren. Schep de plakjes worst in een kleine kom en sprenkel er het sap uit de pan over. Geef er een stuk brood bij en smullen maar.

ANSJOVIS

Voor 4 personen als tapasgerecht

Leg 60 gram (8 flinke filetjes) **ingelegde ansjovis** van goede kwaliteit op een mooi serveerschaaltje. Pers er het sap van ½ **citroen** over en besprenkel ze met een royale scheut **Spaanse extra vierge olijfolie**. Strooi er een flinke snuf **zwarte peper uit de molen** en een handje grofgehakte **verse bladpeterselie** over, hussel goed door elkaar en leg er een paar cocktailprikkertjes naast.

EENVOUDIGE EIEREN MET HAM

Voor 4 personen
als tapasgerecht

- olijfolie
- 2 flinke plakken Serranoham, gesnipperd
- 8 kwarteleitjes
- 50 g harde geitenkaas, geraspt
- een paar takjes verse tijm, alleen de blaadjes
- zwarte peper uit de molen

Deze eitjes zijn piepklein en overheerlijk, maar wel vrij machtig, dus je hoeft er niet veel van te eten om een voldaan gevoel te hebben. Omdat ze zo klein zijn, is het vrij lastig om ze te breken zonder de dooier te beschadigen of restjes schaal mee te bakken. De truc is om de schaal en het vlies voordat je het ei breekt aan de bovenkant met een scherp mesje door te prikken. Een kleine moeite voor een fantastisch resultaat.

Zet de kleinste koekenpan die je hebt met een beetje olijfolie op matig vuur en bak de stukjes ham tot ze lekker krokant zijn. Breek intussen de eitjes in een kommetje, schenk ze bij de krokante ham in de pan en laat ze een paar minuten bakken tot het eiwit stolt. Strooi de geraspte kaas midden op de gebakken eitjes, wacht tot die een beetje gesmolten is, maak het af met de tijmblaadjes en een snufje zwarte peper uit de molen, en zet de eitjes op tafel.

PS Als je wilt kun je dit ook heel goed met gewone eieren in een grote pan maken. Als je je eieren liever lekker doorbakken hebt, kun je ze na het bakken eventueel even onder een hete grill zetten.

GEBAKKEN CHORIZO MET LINZEN

Voor 4 personen als tapasgerecht

Bak 125 gram in plakjes gesneden **gekookte chorizoworst** 2 minuten in een hete droge koekenpan. Laat 400 gram **linzen (uit pot of blik)** uitlekken zodra de plakjes worst krokant beginnen te worden en doe de linzen bij de worst in de pan. Warm ze een minuutje op en schenk er als het er te droog uit gaat zien een scheutje **Spaanse extra vierge olijfolie** bij. Schenk een scheutje **sherryazijn** en nog een scheut extra vierge olijfolie in de pan als de linzen goed heet zijn, roer goed, strooi er een hand gehakte **verse bladpeterselie** over en zet de pan op tafel.

MORCILLA

Voor 4 personen als tapasgerecht

Snijd een stuk van 175 gram **morcilla** of bloedworst eerst dwars en vervolgens in de lengte doormidden, zodat je 4 stukken hebt. Laat een koekenpan goed heet worden en doe er een scheut **olijfolie** en 4 ongepelde **tenen knoflook** in. Doe er na een paar minuten de stukken morcilla bij en bak ze 4 minuten terwijl je ze regelmatig omkeert, of tot ze lekker krokant zijn. Schep ze op een bordje en sprenkel er het sap uit de pan over. Fluitje van een cent.

EENVOUDIGE GAMBA'S

Voor 4 personen als tapasgerecht

Vul een middelgrote, zware pan voor de helft met **zonnebloem- of arachideolie** en zet hem op hoog vuur. Stuur kinderen en huisdieren tijdens het frituren even de keuken uit. Gooi een klein stukje aardappel in de pan. Als het goudbruin en krokant boven komt drijven, is de olie op de juiste temperatuur. Doe voorzichtig 400 gram **kleine, rauwe gamba's** met schaal en al in de pan – doe dit in meerdere porties, zodat het vet goed heet blijft en de garnalen zo krokant worden dat je ze met schaal en al op kunt eten. Ze hebben niet veel tijd nodig, dus schep ze na 2 à 3 minuten met een schuimspaan uit de pan en laat ze op een stuk keukenpapier uitlekken. Strooi er voor het serveren wat **zeezout** en een snufje **paprikapoeder** op en serveer er **partjes citroen** bij om erover uit te knijpen.

CHORIZO MET KIPPENLEVERTJES

Voor 4 personen als tapasgerecht

Snijd 125 gram **gekookte chorizoworst** in plakjes en haal er de velletjes af. Snijd 1 **ui** in dunne ringen. Doe een scheutje **olijfolie** in een hete koekenpan en bak de plakjes chorizo en uien 4 tot 5 minuten, tot de worst lekker krokant is en de uiringen zacht zijn. Doe er 4 hele **kippenlevers** bij en laat die 2 tot 3 minuten meebakken tot ze goudbruin zijn. Roer er 2 eetlepels **sherryazijn** door en schraap met een houten lepel het aanbaksel van de bodem van de pan los. Schep de plakjes worst in een kleine kom en besprenkel ze met het zalige sap uit de pan. Strooi er een handje grof gehakte **bladpeterselie** over en zet op tafel.

KLEINE SCHELPJES

Voor 4 personen als tapasgerecht

Zoek 300 gram **kleine schelpjes** (vongole of kokkels) uit en gooi exemplaren die niet strak dicht zitten weg. Spoel ze onder de kraan af. Hak de blaadjes van een paar takjes **bladpeterselie** in grove stukjes. Zet een koekenpan waar alle schelpjes in passen op hoog vuur en doe er een flinke scheut **olijfolie** in. Hak 2 **tomaten** in grove stukjes en doe ze samen met de schelpjes, 4 eetlepels **goede sherry** en een scheutje **water** in de pan. Doe er naar smaak **zeezout** en **zwarte peper uit de molen** bij en hussel de hele boel 3 tot 4 minuten door elkaar tot alle schelpjes open zijn (als ze niet opengaan, zijn ze niet goed en moet je ze weggooien). Strooi er de gehakte peterselie over en zet ze direct op tafel.

KIKKERERWTENPUREE

Voor 4 personen als tapasgerecht

Zet een pan op matig vuur en doe er de inhoud van een blik van 400 gram **kikkererwten** in, inclusief vocht. Laat ze een paar minuten koken tot ze goed warm zijn, haal de pan van het vuur en stamp de kikkererwten met een aardappelstamper tot een enigszins klonterige puree. Roer er 1 eetlepel **sherryazijn** en een of twee scheuten **Spaanse extra vierge olijfolie** door. Pel een **teen knoflook** en rasp of knijp die bij de puree. Roer alles goed door elkaar en laat de puree koken tot hij de gewenste consistentie heeft. Voeg naar smaak **zeezout** toe, schep de puree op een serveerschaal en sprenkel er een klein beetje extra vierge olijfolie over. Strooi er de blaadjes van een paar takjes **gedroogde oregano** en een flinke snuf **paprikapoeder** op, en smullen maar.

BABY-INKTVISJES

Voor 4 personen als tapasgerecht

- 100 g bloem
- zeezout en zwarte peper uit de molen
- 300 g hele baby-inktvisjes, schoongemaakt
- zonnebloem- of arachideolie
- 5 of 6 takjes verse bladpeterselie
- pittig gerookt paprikapoeder
- 1 citroen, in partjes gesneden

Baby-inktvisjes zijn bij ons in Engeland lang niet zo gewoon als in Spanje, maar je kunt eventueel ook kleine stukjes normale inktvis gebruiken. In Spanje maken ze deze inktvisjes zo behendig schoon dat ze eigenlijk helemaal intact blijven, en dat betekent dat je in één hap het beste van twee werelden hebt: de zachte, enigszins zompige bovenkant en de heerlijk krokante tentakels (mijn favoriete deel) aan de onderkant. Mocht je ze ooit in een tapasbar tegenkomen, dan zou ik er zeker voor gaan.

Kruid de bloem met een royale snuf zout en peper en hussel er de baby-inktvisjes door – als je gewone pijlinktvisjes gebruikt, snijd je die eerst in de lengte doormidden en vervolgens in driehoekjes van ongeveer 5 centimeter.

Vul een middelgrote, zware pan voor de helft met zonnebloem- of arachideolie en zet hem op hoog vuur. Stuur kinderen en huisdieren tijdens het frituren altijd even de keuken uit; de hete olie kan vreselijke brandwonden veroorzaken. Gooi een klein stukje aardappel in de pan om te controleren of de olie op temperatuur is. Als het stukje goudbruin en krokant boven komt drijven, is het goed. Schep de inktvisjes heel voorzichtig, eventueel in meerdere porties, met een schuimspaan in de hete olie en gooi er een paar takjes peterselie bij. Bak ze ongeveer 2 minuten of tot ze licht goudbruin zijn en opkrullen, en laat ze op een bord met een stuk keukenpapier uitlekken. Bestrooi de porties als ze uit het vet komen meteen met een snufje zout en paprikapoeder, en geef er partjes citroen bij om erover uit te knijpen.

PATATAS BRAVAS

Voor 4 personen als tapasgerecht

- 4 middelgrote aardappelen, geschild en doormidden gesneden (ongeveer 800 g)
- 2 tenen knoflook, gepeld en in dunne plakjes gesneden
- 2 takjes verse rozemarijn, alleen de blaadjes
- 1 theelepel zoet paprikapoeder
- 1 theelepel venkelzaad
- 1 theelepel zeezout

Voor de bravassaus

- olijfolie
- 1 ui, gepeld en fijngehakt
- 4 tenen knoflook, gepeld en in plakjes gesneden
- 3 verse, rode Spaanse pepers, zonder zaadjes, grof gehakt
- 1 wortel, geschild en fijngehakt
- een paar takjes verse tijm, alleen de blaadjes
- 1 blik van 400 g gehakte tomaten
- 1 eetlepel sherryazijn
- zeezout en zwarte peper uit de molen

Of je nou in Madrid of Manchester bent, het is nauwelijks denkbaar dat je een tapasbar vindt waar deze aardappeltjes niét in de een of andere vorm op de kaart staan. Ze zijn heerlijk eenvoudig gebakken met wat kruiden en een snufje zout, maar wat belangrijker is: je krijgt er zalige 'bravas'-tomatensaus bij. 'Patatas bravas' betekent letterlijk 'heftige aardappeltjes'... Wie kan een gerecht met zo'n briljante naam nou weerstaan?

Kook de aardappelen 10-15 minuten voor, tot ze zacht beginnen te worden maar nog wel hun vorm houden. Giet ze af en laat ze in een vergiet uitwasemen en afkoelen.

Zet intussen een pan op laag vuur en begin met de bravassaus. Doe een scheut olijfolie in de pan en gooi er als de olie goed heet is de gehakte ui en plakjes knoflook bij. Laat ze 5 minuten bakken, of tot de uisnippers zacht maar nog niet verkleurd zijn. Doe er de pepers, wortel en tijmblaadjes bij en laat ze nog 5 minuten op het vuur staan. Doe er dan het blik gehakte tomaten, de sherryazijn en een flinke snuf zout en peper bij, breng het mengsel aan de kook, draai het vuur laag en laat het 15 minuten zachtjes pruttelen tot de worteltjes zacht zijn en de saus mooi dik is.

Zet terwijl de saus staat te pruttelen een grote koekenpan op matig vuur en schenk er een laag van een halve centimeter olijfolie in. Snijd de aardappelen in flinke, hapklare stukken en leg ze als de olie goed heet is voorzichtig in de pan. Bak ze ongeveer 8 minuten en keer ze regelmatig om tot ze rondom goudbruin zijn. Omdat de pan tijdens het bakken nooit te vol mag zijn, moet dit waarschijnlijk in meerdere porties. Laat de laatste minuut telkens een beetje knoflook en rozemarijn meebakken.

Laat de aardappeltjes, knoflook en rozemarijn op een bord met een stuk keukenpapier uitlekken, strooi er het paprikapoeder, het venkelzaad en een flinke snuf zout over en hussel goed door elkaar.

Schenk de gekookte saus heel voorzichtig in een blender of gebruik een staafmixer, en hak hem volledig glad. Proef een likje en breng hem eventueel op smaak. Serveer de saus er in een kan naast of ga - net als ik - voor de traditionele methode en roer de aardappeltjes door de saus. Als je saus overhebt, kun je die prima voor pasta of pizza gebruiken.

19 Octubre 2008 beatificación de
Padres de Santa Teresita

Tortas de la Virgen

TORTAS DE ACEITE (WAANZINNIGE OLIJFOLIEBISCUITJES)

Voor 12 biscuitjes

- 300 g tipo '00' bloem
- 1 theelepel zeezout
- 2 theelepels venkelzaad
- Spaanse extra vierge olijfolie
- 3 eetlepels lichtbruine tafelsuiker, plus wat extra om te strooien
- 1 zakje van 7 g droge gist
- poedersuiker, om te bestuiven
- bloem, om te bestuiven
- 1 groot eiwit, liefst vrije uitloop of biologisch, losgeklopt

In Spanje kopen de meeste mensen hun koekjes en cakes in de winkel, in plaats van ze zelf te bakken. Mij was verteld dat ik voor de beste koekjes bij het plaatselijke nonnenklooster moest zijn, dus ging ik daarheen. De nonnen zaten verborgen achter een met een luik afgesloten raam. Na een nogal hilarisch gesprek met een van hen schoof ik mijn geld door een gat in de muur en als bij toverslag verschenen de prachtigste koekjes en cakes.

Mijn favorieten waren de kleine dunne tortas de aceite - olijfoliebiscuitjes - die door de nonnen ook wel 'tortas del virgin' genoemd worden. Je kunt ze bij de betere speciaalzaken in Engeland ook wel eens vinden, maar ik denk dat het net zo leuk is om ze zelf te bakken. Dit is een iets gezonder recept dan het origineel.

Verhit de oven tot 230 °C (gasovenstand 8). Meng bloem, zout en venkelzaad in een kom. Schenk 1 deciliter extra vierge olijfolie en 1½ deciliter warm water in een kan, doe er de lichtbruine tafelsuiker en gedroogde gist bij, roer goed en laat het mengsel een paar minuten staan.

Maak een kuiltje in het midden van de bloem, schenk het gistmengsel heel rustig in het kuiltje en roer de bloem er geleidelijk met een vork doorheen. Werk het met je handen tot een mooi glad deeg als alles bij elkaar begint te komen.

Vet twee grote bakplaten in met een klein beetje olie en stuif er poedersuiker op. Bestuif een schoon werkvlak en een deegroller met bloem. Verdeel het deeg in 12 gelijke porties, rol er balletjes van, rol elk balletje uit tot een cirkel van ongeveer 10 centimeter en leg ze op de geprepareerde bakplaten. Kwast de koekjes in met een beetje losgeslagen eiwit. Bestuif de koekjes met een egaal laagje poedersuiker en strooi er ten slotte een schepje lichtbruine tafelsuiker op.

Bak de koekjes 10 tot 12 minuten in de hete oven tot ze krokant en goudbruin zijn. Laat ze even op een rooster afkoelen en tast toe.

TINTO DE VERANO-SORBET

Voor 6 personen

- 300 g tafelsuiker
- 3 dl Spaanse rode wijn, zoals Rioja
- 3 dl priklimonade
- geraspte schil en sap van 1 citroen

Spanjaarden maken echt de heerlijkste wijnen, en hoewel ze goede wijn buitengewoon serieus nemen, weten ze maar al te goed hoe ze gebruik kunnen maken van... hoe zal ik het zeggen... minder goede wijn. Ik beloofde mijn nieuwe vrienden dat ik voordat ik vertrok eens een tinto de verano-cocktail zou proberen. Tot mijn niet geringe verbazing bleek de koele, verfrissende, zalige cocktail die ik kreeg voorgeschoteld weinig meer dan een mengsel van goedkope rode wijn en limonade!

Hoewel het een onverwachte combinatie was, bleken de smaken erg goed samen te gaan en ik besloot hun geliefde cocktail tot iets nog zoeters en frissers te transformeren. Om de smaak van dit absoluut verrukkelijke dessert te verdiepen gebruik ik wijn van iets betere kwaliteit. Vertel je gasten rustig dat dit dessert gebaseerd is op een mysterieuze Spaanse cocktail. Het geheim raden ze nooit.

Zet de suiker met 3 deciliter water op matig vuur tot de suiker is opgelost. Draai het vuur vervolgens hoog om de siroop in te laten koken en zet de pan na 5 tot 7 minuten van het vuur, voordat de siroop bruin begint te worden. Laat de siroop afkoelen.

Schenk de rode wijn en de limonade in een grote kan en doe er de geraspte schil en het sap van de citroen bij. Schenk de afgekoelde suikersiroop bij het mengsel en roer het even goed door elkaar. Op dit punt kun je twee dingen doen: je schenkt het in een grote, diepe bak en zet het afgedekt met een stuk keukenfolie een paar uur in de vriezer tot het volledig bevroren is, waarbij je het tijdens het eerste uur elke 15 minuten met een vork los prikt, of je verdeelt het mengsel over meerdere afsluitbare plastic bakjes en vriest het daarin in, afhankelijk van de vraag of je van plan bent het ijs allemaal dezelfde dag te gebruiken of het in porties achter de hand wilt houden voor een vlug toetje.

In beide gevallen moet je het ijs voor het serveren met kleine porties tegelijk heel even in een keukenmachine loshakken. Serveer er als je wilt stukjes vers fruit en een of twee takjes verse munt bij.

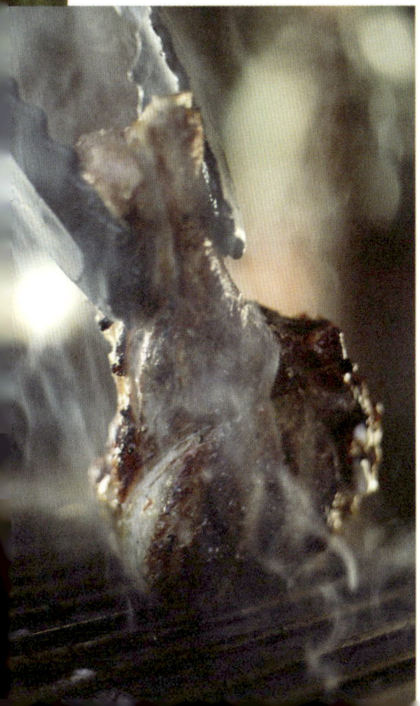

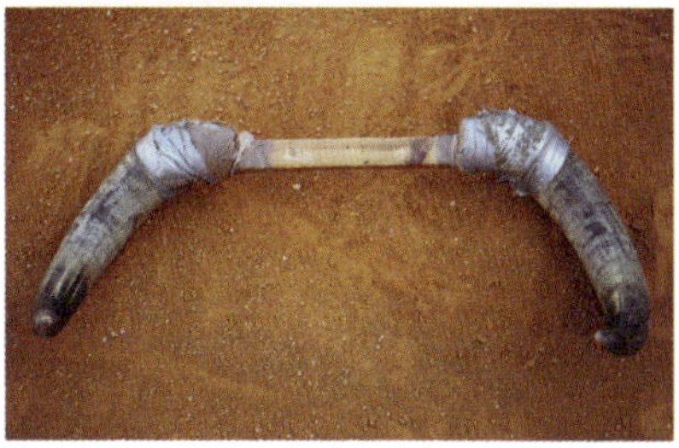

JAMÓN Spanjaarden nemen hun **jamón** of ham extreem serieus en de productie is een langdurig en ambachtelijk proces. De beste kwaliteit is de *jamón ibérico* of *pata negra*, dat 'zwarte poot' betekent. De varkens met zwarte poten waar deze beroemde ham van afkomstig is, scharrelen hun eigen eikels en kruiden bij elkaar en dankzij dit bijzondere dieet krijgt het vlees zijn kenmerkende smaak. De hammen worden in ondergrondse kelders gezouten en gedroogd, en vervolgens geruime tijd opgehangen. Het rijpingsproces neemt tussen de 12 en 36 maanden in beslag.

ANSJOVIS **Ansjovissen** zijn kleine zoutwatervisjes die zowel vers als ingelegd verkrijgbaar zijn. Verse filetjes gemarineerd in een mengsel van olijfolie, azijn en kruiden worden *boquerones* genoemd en worden overal in Spanje als tapas verkocht. Ansjovis uit bik wordt *anchoas* genoemd. Ze worden met de hand gefileerd en meestal ingelegd in olijf- of zonnebloemolie.

PAPRIKAPOEDER Uit La Vera in de Centraal-Spaanse Extremadura komt het beste **paprikapoeder** van Spanje, de *pimentón de La Vera*. Verschillende soorten paprika's worden gedroogd en op eikenhout gerookt, en vervolgens tot fijn poeder gestampt. Paprikapoeder wordt als smaakmaker gebruikt in tal van gerechten.

GROENE OLIJVEN Spaanse **olijven** zijn er in talloze soorten, waaronder *arbequina* en *hojiblanca*, die beide worden gebruikt om enkele van de beste Spaanse olijfolies van te persen. Ze worden ook vaak met stukjes ansjovis en rode paprika gevuld en als tapas geserveerd. Verkrijgbaar in potjes of blikjes.

PIMIENTOS DE PIQUILLO

Kleine, donkerrode paprika's die direct na het oogsten op houtvuur worden geroosterd, vervolgens gepeld, van zaadjes ontdaan en met de hand in blikjes of potten ingemaakt. Je kunt ze vullen met stokvis of kaas en als tapas serveren. Of je snippert ze gewoon over een salade, een paella of een ander rijstgerecht.

KAAS, MEMBRILLO EN BISCUITJES

De beroemdste **Spaanse kazen** zijn zonder twijfel *manchego,* een harde schapenkaas, *cabrales*, een ambachtelijke blauwader van koemelk, en een breed assortiment aan geitenkaasjes, variërend van hard tot romig. Kaas, en dan met name **manchego**, wordt vaak als tapas geserveerd in combinatie met kweeperengelei genaamd **membrillo**.

Tortas de aceite zijn dunne, krokante biscuitjes gemaakt met olijfolie. Ze zijn gezonder dan andere traditionele deegwaren en worden vaak op smaak gebracht met amandel en anijs, en bestrooid met gekristalliseerde suiker. Heerlijk bij kaas (zie het recept op blz. 58).

CHORIZO, KIKKERERWTEN EN PAELLARIJST

Chorizo is de nationale worst van Spanje en is er in talloze soorten en maten. Rauw of gekookt, pittig of zoet, noem maar op. Hij wordt gemaakt van mager varkensvlees en op smaak gebracht met knoflook, zout, paprikapoeder en soms wijn.

Kikkererwten of **garbanzobonen** worden in Spanje op grote schaal als zetmeelproduct gebruikt in soepen en stoofpotten, net als linzen en andere bonensoorten. Ze zijn zeer eiwitrijk.

De beste **paellarijst** komt uit Calasparra in Valencia. Paellarijst lijkt qua structuur en gedrag veel op Italiaanse risottorijst, en wordt hoofdzakelijk gebruikt voor het nationale gerecht van Spanje: paella.

ESCUELA TAURINA
RONDA

ITALIË

le Ciliegie di Marano
Valpolicella

ITALIË

Mijn eerder geplande tripjes naar Venetië gingen elke keer op het laatste moment niet door. Het leek wel alsof de stad die ik heel graag een keer wilde bezoeken me telkens door de vingers glipte, dus deze keer zorgde ik er hoogstpersoonlijk voor dat er niets misging. Het is geen geheim dat ik mijn hart aan Italië heb verloren.

Alles wat het land te bieden heeft, van het eten tot de manier waarop de mensen er leven, geeft me het gevoel dat ik er thuis ben. Venetië is dus eigenlijk een buitenbeetje in dit boek, omdat ik de lokale keuken al zo goed kende. Het was alsof ik de taal beheerste zonder ooit het land bezocht te hebben, maar desondanks had de stad nog voldoende verrassingen voor me in petto.

Hoewel bijna iedereen Venetië wel kent van James Bond – *The Italian Job* – of van schilderijen, is de aanblik van al dat water en de ontelbare bootjes iets waar je nooit op voorbereid bent. Het is een bestemming waar de rest van de wereld terecht al eeuwenlang door gefascineerd is, omdat een lagune aan de Adriatische kust wel de laatste plek is waar je een dergelijke stad zou verwachten. Maar daar ligt hij dan. Nog altijd op dezelfde houten palen waarop de stad honderden jaren geleden gebouwd is. De stad werd in de vijfde eeuw gesticht door mensen die op de vlucht waren voor Barbaarse invasies op het vasteland. Na een tijdje kwam iemand op het lumineuze idee om houten palen in de bedding van de lagune te slaan en die als fundering voor een huis te gebruiken. Hoe ze op het idee kwamen en het uiteindelijk ook voor elkaar kregen is mij een raadsel, maar ze slaagden er wonderwel in. Het is echt ongelofelijk als je ziet welke architectonische hoogstandjes deze bouwstijl uiteindelijk heeft opgeleverd. Rond de middeleeuwen was Venetië uitgegroeid tot een zelfstandige republiek, een belangrijk handelscentrum en een van de rijkste plaatsen ter wereld.

Als ik de Venetiaanse keuken zou moeten samenvatten, zou ik zeggen dat het een keuken van contrasten is. Aan de ene kant heb je de zeer luxueuze keukens van de rijken: gerechten vol exotische specerijen uit verre landen, prachtige wijnen, waanzinnig wild uit de moeraslanden en een overvloed aan zeebanket uit de wateren rond de stad. De gerechten hebben onmiskenbaar een extravagante elegantie. Inktvisinkt, dat door Venetianen gebruikt wordt om pasta en risotto mee te kleuren, is daar een goed voorbeeld van. Het is gitzwart en je kunt je haast niet voorstellen dat een zo donkere substantie zo ontzettend lekker kan zijn, maar het is echt zo.

Vanzelfsprekend staat tegenover dergelijke luxe de eenvoudige, eerlijke en ongekunstelde keuken van het volk. Venetië ging door een diep dal toen het de status van supermacht definitief kwijt was en zelfs de adel genoegen moest nemen met de *cucina povera*, de armeluiskeuken. Maar zoals de meeste fijnproevers je kunnen vertellen is een dergelijke stijl van koken minstens even spannend als – zo niet spannender dan – al die chique happen. Een van de beste voorbeelden daarvan is risotto, misschien wel het beroemdste Venetiaanse gerecht. Dankzij de vele rijstvelden in de Veneto was risottorijst er ruim voorhanden en spotgoedkoop. Risotto is altijd al een van mijn favoriete gerechten geweest, dus een paar dagen in de stad verblijven die wereldberoemd is vanwege dit smeuïge, hartverwarmende gerecht, was voor mij als een droom die werkelijkheid werd. Een van de hoogtepunten was dat ik risotto heb mogen maken met de absolute grootmeester van de kleffe korrel, Signor Ruggero, die algemeen bekendstaat als de beste risottochef van heel Italië, om niet te zeggen van de hele wereld. Wat een eer. Ik was in de veronderstelling dat ik al een aardige risotto op tafel kon zetten, maar na deze masterclass zijn de recepten op pagina 84-87 misschien wel mijn allerbeste!

Omdat ik niet veel tijd had, stortte ik me er vol overgave op. Ik ging vissen en koken met de lokale bevolking, ik stopte bij piepkleine volkstuintjes langs de grachten, waar de meest bizarre soorten groente en fruit verbouwd worden, ik deed boodschappen op markten die al honderden jaren deel uitmaken van het stadse leven, en bracht zelfs een bezoek aan de moestuin van een vrouwengevangenis! Het waren fantastische ervaringen en ik ben hierdoor nog dichter bij het wezen van de Italiaanse keuken gekomen, hoewel ik de gerechten toch al redelijk goed kende.

Zoals uit dit hoofdstuk blijkt, viel er op het gebied van eten nog meer dan genoeg te ontdekken, maar zoals de meeste steden die door zoveel toeristen worden bezocht, heeft Venetië zich wel heel erg op het ontvangen van gasten ingesteld. Uit gesprekken met de lokale bevolking bleek dat veel mensen zich ernstig zorgen maken over het feit dat de eigenzinnige Venetiaanse keuken in toenemende mate plaats maakt voor algemene Italiaanse gerechten. Mijn advies is dus om te gaan waar zij gaan, en te eten wat zij eten. Bestel geen gerechten die niets met de stad te maken hebben! Sluit Venetië in je armen en profiteer van wat het te bieden heeft. Er zijn zo veel fantastische dingen te eten, te zien en te beleven. Echt geweldig!

Ze kunnen me een hoop wijsmaken, maar ik kan niet geloven dat Venetië op een dag in de lagune zal verdwijnen. Ik weet zeker dat de Italianen van nu, in navolging van hun voorvaderen in de vijfde eeuw, een oplossing zullen vinden om de huizen en ander nationaal erfgoed voor het nageslacht te bewaren. Het valt niet te ontkennen dat de elementen een belangrijke rol spelen in het dagelijks leven: de stad overstroomt geregeld en als het water komt, dan komt het snel, maar op de een of andere manier zorgt de fragiele staat waarin de stad verkeert er juist voor dat je de schoonheid des te meer gaat waarderen.

CARPACCIO EN SALADE

Voor 6 personen als voorgerecht

- 1 mooie runderfilet van 300 g, zonder vetrandjes
- ½ citroen
- extra vierge olijfolie
- zeezout en zwarte peper uit de molen
- 2 babycourgettes, als het even kan met bloemen
- ½ stengel bleekselderij, de gele blaadjes apart
- een paar blaadjes radicchio of witlof, gesnipperd
- een hand rucola
- een paar takjes verse munt, alleen de blaadjes, grof gehakt
- desgewenst ½ verse, rode Spaanse peper, fijngehakt
- Parmezaanse kaas, voor erbij

Omdat carpaccio is uitgevonden in Harry's Bar in Venetië, lijkt een hommage aan deze moderne klassieker me hier zeker op zijn plaats. Het verhaal gaat dat een van de vaste klanten van het café alleen rauw vlees verdroeg. De eigenaar, Giuseppe Cipriani, besloot haar te helpen en bedacht zijn inmiddels legendarische gerecht. Geïnspireerd door de beroemde Venetiaanse schilder Carpaccio, die altijd veel roze en wit in zijn schilderijen verwerkte, sprenkelde hij een witte dressing over het rauwe, roze rundvlees en vernoemde het gerecht naar de kunstenaar. Het oorspronkelijke recept is heel eenvoudig en gewoontjes, maar omdat het zo ontzettend lekker is, kom je het in toprestaurants over de hele wereld tegen. Echt heel bijzonder!

Sommige mensen trekken een vies gezicht en vinden het een onaangenaam idee om plakjes rauw vlees te eten, maar als je vers vlees van goede kwaliteit gebruikt, is het juist veel lichter verteerbaar dan gebakken of gebraden vlees. Ik vind het echt zalig. Een genot om te eten. Probeer het eens. Persoonlijk geef ik de voorkeur aan citroensap en olijfolie, maar als je liever dichter bij het klassieke recept blijft, kun je ook een lepeltje dijonmosterd door de dressing roeren.

Snijd het vlees in 6 plakken. Knip een stuk bakpapier of keukenfolie af en leg er een plak vlees op. Vouw het papier over het vlees heen, leg het op een snijplank en sla er met de onderkant van een steelpan of een deegroller op tot het echt flinterdun is. Houd het vlees als het ongeveer twee keer zo groot is geworden tegen het licht: als je er net doorheen kunt kijken, is het perfect. Herhaal dit met de rest van de plakjes en leg ze iets overlappend op een grote, platte schaal.

Pers de citroen uit boven een grote kom en schenk er ongeveer dezelfde hoeveelheid extra vierge olijfolie bij. Voeg een royale snuf zout en peper toe en roer alles goed door elkaar. Sprenkel de helft van de dressing over het vlees en masseer het er met de achterkant van een lepel in.

Als je courgettebloemen hebt, kun je die bij de dressing in de kom snipperen. Schil de courgettes en bleekselderij met een dunschiller in dunne linten en doe ze in de kom. Doe er radicchio of witlof, rucola, muntblaadjes en eventueel de gehakte Spaanse peper bij, en hussel alles vlug met je handen door elkaar. Leg de salade in het midden op het vlees. Schaaf er een paar krullen Parmezaanse kaas over en maak de schotel af met een paar drupjes extra vierge olijfolie en de gele blaadjes van de bleekselderij.

GEVULDE COURGETTEBLOEMEN

Voor 4 personen

- een bosje gemengde tuinkruiden, zoals basilicum, munt, bladpeterselie en kervel
- 250 g kruimelige ricotta van goede kwaliteit
- 50 g van het blok geraspte Parmezaanse kaas
- geraspte nootmuskaat
- zeezout en zwarte peper uit de molen
- 1 citroen
- 12 grote courgettebloemen of 16 kleintjes van babycourgettes
- 500 g rijpe trostomaten
- olijfolie
- 2 tenen knoflook, gepeld en in plakjes gesneden
- 3 kleine, langwerpige sjalotten, gepeld en fijngehakt
- een hand zwarte olijven, zonder pit
- extra vierge olijfolie
- knapperig brood en salade, voor erbij

Een van de spannendste dingen van courgettes zijn de bloemen - niet alleen de zoete, stuifmeelachtige, fleurige smaak, maar vooral het feit dat je ze met allerlei heerlijke dingen kunt vullen. Als je ze niet zelf in je tuin hebt, zijn courgettebloemen vrij lastig te krijgen, maar tussen juli en eind september, als moestuinen en kwekerijen er vol mee staan, heb je op boerenmarkten een goede kans ze te vinden. Toen ik dit recept maakte, had ik toevallig alleen mannelijke bloemen; vrouwelijke zitten aan het uiteinde van de vrucht. Beide geslachten zijn overigens even goed bruikbaar, dus een mix kan ook.

De moraal van dit verhaal is dat als je eenmaal een combinatie van smaken hebt gevonden die werkt - van Spaanse peper met venkelzaad en varkensvlees, citroen met venkelknol en geplukt krabvlees, tot kaas met verschillende kruiden - je er je bloemen lekker mee moet vullen om die vervolgens te roosteren, te stomen, te bakken of te frituren. In dit recept gebruik ik een heerlijk eenvoudige tomatensaus waarin ik de bloemen gedurende 10 minuten half stoom, half stoof. Het recept is een perfecte afspiegeling van mijn dag in Venetië. Ik kon gewoon niet besluiten of ik ze rechtstreeks uit de pan moest eten, ze op een bruschetta moest scheppen of ze als een ware barbaar fijngehakt door een pan pasta zou husselen, maar tegen de tijd dat ik er voor mezelf uit was had ik ze al bijna allemaal op.

Pluk de blaadjes van de kruiden en hak ze samen met de malse steeltjes fijn. Doe ze met de ricotta, de geraspte Parmezaanse kaas, een snufje nootmuskaat en wat zout en peper in een kom, en rasp er de schil van de citroen bij. Roer alles met een vork door elkaar en proef even of het goed op smaak is. Vouw de courgettebloemen nu heel voorzichtig open zodat ze aan de courgettes vast blijven zitten en verwijder de puntige meeldraadjes. Spoel de bloemen onder een dun straaltje water af en schep er een volle theelepel van het ricottamengsel in. Druk de vulling zachtjes aan en vouw de blaadjes voorzichtig terug.

Snijd een kruisje in de boven- en onderkant van de tomaten en leg ze ongeveer een minuut in een kom kokend water tot de velletjes loskomen. Schep ze vervolgens over in een kom koud water, wacht tot ze voldoende afgekoeld zijn en trek er de velletjes af. Snijd het vruchtvlees in blokjes van 1 centimeter. Verhit een flinke scheut olijfolie in een wijde pan op matig vuur en bak de knoflook en sjalot 3 à 4 minuten, tot ze zacht zijn. Doe er de blokjes tomaat en de olijven bij, breng aan de kook, voeg naar smaak zout en peper toe en laat het mengsel 5 minuten op matig vuur pruttelen tot het iets is ingedikt.

Leg de gevulde courgettebloemen op de saus en besprenkel ze met extra vierge olijfolie. Leg de deksel op de pan of dek hem af met aluminiumfolie en laat het geheel nog 15 tot 20 minuten op laag vuur pruttelen tot de courgettes gaar zijn en de saus lekker dik is. Snijd de geraspte citroen doormidden - pers de ene helft bij de saus en snijd de andere helft in partjes voor erbij. Trek het knapperige brood in grove stukken en serveer die er in een mandje bij om het heerlijke sap mee op te deppen.

SALADE MET KERSEN EN KROKANT GEBAKKEN, GEDROOGDE VLEESWAREN

Voor 4-6 personen als voorgerecht

- 2 flinke handen gemengde slablaadjes, zoals radicchio, frisée en little gem, kleine blaadjes heel, grotere in stukjes gescheurd, gewassen en droog geslingerd
- een flinke hand rijpe kersen, zonder pit, in stukjes
- een bosje verse, gemengde zachte kruiden zoals kervel, munt, bladpeterselie, dille en venkel, alleen de blaadjes
- desgewenst eetbare bloemen
- een klein ciabattabrood, in 12 plakjes gesneden
- extra vierge olijfolie
- olijfolie
- 10 plakjes pancetta, prosciutto, salami of een mix
- 1 eetlepel balsamicoazijn van goede kwaliteit
- zeezout en zwarte peper uit de molen
- desgewenst van het blok geraspte Parmezaanse kaas, voor erbij

Iedereen die van salades houdt, kan je vertellen dat inspelen op de seizoenen en gebruikmaken van wat er voorhanden is bijna altijd een garantie voor succes is. Je salades worden dan zonder uitzondering spannend, leuk en - heel belangrijk - erg lekker. Dit recept is een combinatie van sterke contrasten en perfecte partners: zoete, maar tegelijk licht zurige kersen met zoute, krokant gebakken pancetta, een mix van knapperige en zachte, bittere zomerblaadjes, en dat alles aangemaakt met een vrij eenvoudige balsamicodressing. In de basis is het een vrij normale salade waar ik in dit geval een hand vol kersen en wat knapperige pancetta bij heb gedaan - een soort carnaval op de tong.

Zet een grillpan op hoog vuur en een koekenpan op matig vuur. Doe terwijl de pannen staan op te warmen de slablaadjes met de kersen, kruiden en eventueel eetbare bloemen in een kom. Rooster de sneetjes ciabatta in de hete grillpan tot er aan beide kanten zwarte streepjes op staan. Sprenkel er wat extra vierge olijfolie over en zet ze zolang opzij. Giet terwijl de broodjes liggen te roosteren een scheutje olijfolie in de koekenpan en bak de plakjes vlees een paar minuten aan beide kanten tot ze lekker krokant zijn. Mix terwijl het vlees in de pan ligt een dressing in een klein glas of jampotje. Meng de balsamicoazijn met 3 eetlepels extra vierge olijfolie en een flinke snuf zout en peper. Proef of hij voldoende (iets te) zuur en goed op smaak is.

Haal de plakjes vlees uit de pan als ze lekker krokant zijn en leg ze op een bord. Schenk de dressing in de pan en laat hem een seconde of tien door de pan rollen om op te warmen en met het sap van het vlees te mengen. Breek de sneetjes geroosterd brood in stukjes en leg ze op de salade of op een apart bordje.

Doe de krokante plakjes vlees bij de salade in de kom, sprenkel er de lauwwarme dressing over en hussel de hele boel vlak voor het serveren door elkaar. Heerlijk met een beetje van het blok geraspte Parmezaanse kaas.

Ik had het genoegen samen te mogen werken met de Italiaanse grootmeester van de risotto, Signor Ruggero, in zijn restaurant Trattoria al Gatto Nero op het eiland Burano vlak bij Venetië. Alle gerechten die uit de keuken kwamen, waren perfect klaargemaakt. We hebben slechts één dag samen in de keuken gestaan, maar hij bleek een lieve, vaderlijke man, en we vulden elkaar uitstekend aan: de jonge kok en de oude wijze meester. Om de hele situatie nog surrealistischer te maken bleek zijn bloedeigen Italiaanse zoon getrouwd te zijn met een meisje uit Glasgow. Een op en top Italiaan met een plat Schots accent dus. Hilarisch!

TRATTORIA AL GATTO NERO
6V.30338

RISOTTO BIANCO

Voor 4 personen

- 1 liter groentebouillon, liefst biologisch
- olijfolie
- ½ ui, gepeld en fijngehakt
- 1 stengel bleekselderij, schoongemaakt en fijngehakt
- 300 g risottorijst
- zeezout en zwarte peper uit de molen
- 1¼ dl witte wijn
- een klontje boter
- een flinke hand vers geraspte Parmezaanse kaas

Risotto is mede dankzij de vele rijstvelden in de regio Veneto uitgegroeid tot een van de absolute sterren van de Venetiaanse keuken. Er zijn twee soorten risottorijst: arborio en carnaroli. Met beide soorten heb ik heel goede ervaringen, maar het belangrijkste is volgens mij dat je de korrels tijdens het koken optimaal masseert. Zonder al te sentimenteel te willen klinken, zou ik een perfect klaargemaakte risotto willen vergelijken met een stevige, warme knuffel van je moeder: je krijgt er gewoon een lekker gevoel van. Het leven is echt veel te kort om dit gerecht niet te beheersen, dus ik raad je aan om de versies op deze en de volgende pagina uit te proberen en je het principe eigen te maken. Als je het basisrecept eenmaal onder de knie hebt, kun je verder op je gevoel afgaan om er iets lekkers van te maken. Op de volgende pagina heb ik een aantal van mijn favorieten op een rijtje gezet, maar laat je fantasie vooral de vrije loop!

Zet de bouillon in een pan op laag vuur. Zet een passende, diepe pan met een flinke scheut olijfolie op laag vuur en doe er de gehakte ui en bleekselderij bij. Laat 10 minuten zachtjes bakken terwijl je regelmatig roert, tot ze zacht maar nog niet verkleurd zijn. Draai het vuur iets hoger, doe er de rijst en een snufje zout bij, en blijf 2 minuten roeren zodat de korrels alle heerlijke smaken absorberen en een nootachtige smaak ontwikkelen. Schenk er de wijn bij en blijf roeren tot alle vocht geabsorbeerd is.

Schep een soeplepel bouillon bij de rijst, blijf roeren en wacht tot hij volledig geabsorbeerd is voordat je er een volgende lepel bij doet. Laat de risotto 16 tot 17 minuten koken terwijl je er ongeveer om de minuut bouillon bij schept en blijft roeren tot de rijst mooi al dente is. Al dente betekent dat de korrels zacht en goed eetbaar zijn, maar nog wel hun vorm behouden. In dit stadium moet de risotto iets vloeibaarder zijn dan je hem uiteindelijk wilt hebben omdat hij na verloop van tijd nog iets opstijft. Haal de pan van het vuur, roer de boter en Parmezaanse kaas erdoor en voeg naar smaak zout en peper toe. Op dit punt heb je een eenvoudige en voedzame, maar erg lekkere risotto bianco, die je zo kunt eten, maar je kunt er ook nog andere kaassoorten of groentes bij doen. Als je risotto eenmaal naar wens is, moet je hem voor het serveren nog 2 minuten afgedekt laten staan. Het belangrijkste bij risotto is dat hij altijd heel smeuïg moet zijn.

Om je risotto bianco op smaak te brengen kun je terwijl je rijst staat te koken een van de volgende mengsels voorbereiden...

RISOTTO MET ARTISJOK

Voor 4 personen

- 8 kleine artisjokken
- 2 citroenen
- olijfolie
- 2 tenen knoflook, gepeld en in dunne plakjes gesneden
- een heel klein bosje verse tijm, alleen de blaadjes
- Parmezaanse kaas
- extra vierge olijfolie

Maak de artisjokken schoon voordat je met de risotto bianco begint. Pers het sap van 1 citroen in een grote kom koud water en gooi de uitgeperste helften erbij. Hak de steeltjes van de artisjokken maar laat als ze lang genoeg zijn een stuk van ongeveer 4 centimeter zitten. Snijd ook ongeveer 4 centimeter van de top af. Trek er de buitenste blaadjes af, zodat de malse onderliggende blaadjes bloot komen te liggen. Schil de steel en de bodem met een mes en een dunschiller, en leg de artisjokken direct in de kom citroenwater om te voorkomen dat ze zwart worden. Snijd ze doormidden, schep er met een theelepeltje het harige hart uit en leg ze vlug terug in het water.

Zet een pan met een flinke scheut olijfolie op matig vuur en doe er de plakjes knoflook in. Laat ze 2 minuten bakken tot ze zacht zijn. Snijd de artisjokken in dunne plakjes en doe die samen met de helft van de tijmblaadjes, een snufje zout en peper, een scheutje water en het sap van een halve citroen bij de knoflook in de pan. Laat 8-10 minuten koken tot alles zacht is. Roer de resterende tijmblaadjes en de artisjokken samen met boter en parmezaan door de risotto. Leg de deksel op de pan en serveer er wat parmezaan, olijfolie en een partje citroen bij.

RISOTTO MET TOMAAT EN BASILICUM

Voor 4 personen

- olijfolie
- 2 tenen knoflook, gepeld en in dunne plakjes gesneden
- 300 g kerstomaatjes, gehalveerd
- een paar takjes vers basilicum, alleen de blaadjes
- Parmezaanse kaas
- extra vierge olijfolie

Verhit een flinke scheut olijfolie in een grote pan op matig vuur. Doe er eerst de plakjes knoflook bij en als die beginnen te verkleuren de tomaatjes en het grootste deel van het basilicum. Voeg naar smaak zout en peper toe en laat het mengsel 3 minuten zachtjes koken tot de tomaatjes zacht zijn maar nog wel vorm hebben. Roer de tomaatjes tegelijk met de boter en geraspte Parmezaanse kaas door de risotto, en leg de deksel vervolgens nog 2 minuten op de pan. Maak de risotto voor het serveren af met wat extra geraspte Parmezaanse kaas, een scheutje extra vierge olijfolie en de resterende blaadjes basilicum.

RISOTTO MET DOPERWTJES EN KRUIDEN

Voor 4 personen

- een klontje boter
- 300 g doperwten, vers of uit de diepvries
- een klein bosje verse munt, alleen de blaadjes, gehakt
- bosje bladpeterselie, alleen de blaadjes, gehakt
- 100 g zachte geitenkaas
- Parmezaanse kaas
- extra vierge olijfolie

Laat de boter in een pan op matig vuur smelten en doe er de erwten, de verse kruiden en een scheut heet water bij. Leg de deksel op de pan en laat de erwten 4 minuten koken. Roer de gekruide erwten tegelijk met de boter en de geraspte Parmezaanse kaas door de risotto en leg de deksel er nog 2 minuten op. Verdeel de risotto over 4 borden, leg op elk van de porties een plakje geitenkaas en maak het af met een klein beetje geraspte Parmezaanse kaas en een scheutje extra vierge olijfolie.

TOMATENSALADE MET BASILICUM

Voor 2 personen

- 2 grote, rijpe vleestomaten
- een klein, vers bosje basilicum of paars basilicum
- zeezout en zwarte peper uit de molen
- 5 eetlepels extra vierge olijfolie
- 2 eetlepels rodewijnazijn
- een beetje zoutige ricotta of feta
- knapperig brood, voor erbij

Caprese, tricolore... hoe vaak kun je een tomatensalade opnieuw uitvinden? Dit is zeg maar een klassieke versie op mijn manier. In de laatste veertig jaar hebben we tal van verschillende tomatenrassen leren kennen en eten, maar de waarheid is dat er nog vele honderden andere soorten bestaan: dik, dun, mooi, lekker, zoet, geel, peervormig, gestreept, zwart... de keus is eindeloos. Als je op de boerenmarkt of in de betere supermarkt zoekt, moet je zeker aan lekkere vleestomaten kunnen komen. Die flinke jongens zijn zoet, stevig en als ze goed rijp zijn waanzinnig lekker. Vanwege het formaat doe ik er altijd iets heel eenvoudigs mee en ik combineer ze zodanig met hun beste kameraadjes - tomaat, basilicum, zoutige kaas en goede olijfolie - dat je bij elke hap het volledige smaakpalet binnenkrijgt.

Snijd de tomaten horizontaal in dikke plakken en leg ze op twee borden of op een serveerschaal. Pluk het basilicum, houd de kleinste blaadjes apart en stamp de rest met een snufje zout in een vijzel tot een dikke, groene pasta. Voeg heel geleidelijk de extra vierge olijfolie en de rodewijnazijn toe en blijf roeren totdat je een heerlijk dikke basilicumolie hebt. Proef, voeg naar smaak zout en peper toe, schep de olie op de plakjes tomaat en spreid hem met de achterkant van de lepel uit. Kruimel of rasp er wat ricotta of feta over. Leg de resterende kleine blaadjes basilicum midden op de plakjes tomaat en serveer er warm, knapperig brood bij... Heerlijk!

ISTITUTI PENALI FEMMINILI
VENEZIA
712

Op zoek naar inspiratie ben ik al op heel wat grappige plaatsen verzeild geraakt, maar ik had nooit gedacht dat ik nog eens terecht zou komen in een vrouwengevangenis op Giudecca – een klein eilandje in de lagune van Venetië. De meiden verbouwen daar waanzinnige groentes en verkopen die elke donderdag voor de deur van de gevangenis. Ze zijn altijd binnen een uur los! Het was een grote eer dat ik er naar binnen mocht om kennis te maken met een wereld die mij totaal onbekend was. We hebben hun fantastische spullen meteen verwerkt in een van de lekkerste minestrones die ik ooit heb geproefd.

LENTE- EN ZOMER-MINESTRONE

Voor ongeveer 4 personen

- 3 tenen knoflook, gepeld
- 200 g bospeentjes
- 200 g babycourgettes
- 1 grote rode ui, gepeld
- 3 plakken gerookte doorregen bacon, de beste kwaliteit die je je kunt veroorloven
- olijfolie
- 1 grote tomaat
- een bosje verse bladpeterselie
- 2 flinke handen seizoengroentes, zoals snijbiet, bietenblad of groene kool
- 2 flinke handen verse doperwten
- 2 liter groentebouillon, liefst biologisch
- 150 g minifarfalle of andere kleine pasta
- zeezout en zwarte peper uit de molen
- 2 flinke handen zachte slablaadjes
- ½ krop radicchio of andijvie
- desgewenst een paar courgettebloemen, gesnipperd

Voor de pesto

- een flinke bos vers basilicum
- 2 kleine tenen knoflook
- 60 g pijnpitten
- 40 g Parmezaanse kaas
- extra vierge olijfolie

Omdat het begin zomer was toen ik Venetië bezocht, zijn de meeste ingrediënten die ik in deze geliefde Italiaanse soep gebruik door het seizoen ingegeven. Als je jouw minestrone in dezelfde periode klaarmaakt, is dit recept echt helemaal te gek. In de winter gebruik je gewoon wat meer wortelgroentes en kool voor een andere, maar niet minder lekkere versie. Ik had toen ik mijn soep maakte toevallig een oud stuk prosciutto om de bouillon extra smaak mee te geven. In de ingrediëntenlijst noem ik bacon, maar je kunt als je wilt ook een hamschijf of een groot stuk pancetta gebruiken. Zelf pesto maken terwijl de soep op een laag pitje staat te pruttelen is echt fantastisch. Het geeft de soep net dat beetje extra pit.

Snijd de knoflook, worteltjes en courgettes in dunne plakjes en hak de ui en de bacon fijn. Zet een grote pan op matig vuur en doe er als hij goed heet is een paar flinke scheuten olijfolie in met de ui, knoflook, wortel en bacon. Roer goed, laat 5 minuten bakken, doe er de stukjes courgette bij en laat het nog 3 tot 4 minuten bakken tot alles zacht is. Als je een hamschijf of een ander groot stuk vlees gebruikt, moet je dat er ook nu bij doen.

Hak de tomaat en de peterselie (met steeltjes) in grove stukjes en doe ze samen met de gesnipperde seizoensgroentes in de pan. Doe er ook de doperwten en de bouillon bij en laat alles aan de kook komen. Roer er als de boel kookt de minipasta en een snufje zout en peper door. Breng opnieuw aan de kook, draai het vuur laag en laat ongeveer 10 minuten zachtjes pruttelen. Proef even of de soep voldoende op smaak is.

Maak terwijl de soep staat de pruttelen de pesto. Pluk het basilicum en houd de kleinste blaadjes apart. Pel de tenen knoflook. Stamp de grotere blaadjes basilicum met een snufje zout in de vijzel tot een geurig groen prutje. Doe er de pijnpitten en tenen knoflook bij en blijf stampen tot je een vrij gladde pasta hebt. Rasp er de Parmezaanse kaas bij, maak de pesto aan met een scheutje extra vierge olijfolie en roer alles goed door elkaar. Proef of hij voldoende op smaak is - je zoekt een mooie balans van basilicum, kaas en zout, dus voeg eventueel het een en ander toe.

Scheur vlak voordat de soep klaar is de blaadjes sla en de radicchio in stukjes, en roer ze er doorheen, eventueel samen met de courgettebloemen. Proef nogmaals of de soep goed op smaak is en schep de kommen vol. Doe in elke kom een flinke lepel pesto, sprenkel er nog wat extra vierge olijfolie over en maak het geheel af met een paar van de kleinere blaadjes basilicum.

Presidente

GEBAKKEN SALAMI

Voor 4 personen

- olijfolie
- 12 flinke plakken salami (of 16 kleinere)
- 1 takje verse rozemarijn, alleen de blaadjes
- 2 tenen knoflook, gepeld en in dunne plakjes gesneden
- binnenste blaadjes van 1 kropje radicchio, gewassen en droog geslingerd
- balsamicoazijn van goede kwaliteit
- zeezout en zwarte peper uit de molen
- Parmezaanse kaas

Dit is een heerlijk klein voorgerechtje of antipasto. Het is erg lekker om een goede salami in iets dikkere plakjes dan normaal te snijden en die even te bakken tot ze een beetje krokant zijn. Als je het sap uit de pan en een scheutje balsamico gebruikt om de blaadjes radicchio, rozemarijn en knoflook mee aan te maken, krijg je echt een hemelse combinatie van smaken. Als je er een iets substantiëlere snack van wilt maken, zou je een of twee bollen buffelmozzarella in stukjes kunnen trekken, daar een paar crostini mee beleggen en die als basis voor de salami gebruiken. De smaken en ingrediënten zijn ook erg geschikt voor een pizza in combinatie met een beetje tallegio en mozzarella. Als je binnenkort een bijzonder en lekker, Italiaans getint voorgerechtje wilt maken, is dit zeker het overwegen waard.

Sprenkel een flinke scheut olijfolie in een grote koekenpan en zet hem op matig vuur. Leg de plakjes salami in de hete pan en laat ze een paar minuten bakken terwijl je ze af en toe omkeert, tot ze lekker krokant zijn. Omdat je de pan niet te vol moet doen, kan het zijn dat je de worst in meerdere porties moet bakken. Leg de plakjes op een bord.

Laat de pan op het vuur staan als je alle salami hebt gebakken en doe er de rozemarijn en de plakjes knoflook in. Laat een paar minuten bakken en doe er dan de blaadjes radicchio bij. Laat de blaadjes heel rustig zacht worden, sprenkel er een flinke scheut balsamicoazijn over, doe de plakjes salami terug in de pan en hussel alles goed door elkaar.

Haal de pan van het vuur, proef en voeg naar smaak eventueel wat zout en peper toe. Leg een paar plakjes gebakken salami op elk bord en leg er een plukje warme salade en een paar krullen Parmezaanse kaas op. Sprenkel er wat van het sap uit de pan over en geef er geroosterd brood bij. Eet smakelijk!

VENETIAANSE BIEFSTUK

Voor 4 personen

- 1 kilo ribeye, met bot
- 4 takjes rozemarijn
- zeezout en zwarte peper uit de molen
- extra vierge olijfolie
- 50 g boter
- 1 teen knoflook, gepeld en gehalveerd

Voor de salsa

- 1 verse, rode Spaanse peper
- 8 kerstomaatjes
- 1 teen knoflook, gepeld
- een klein bosje verse bladpeterselie
- een klein bosje vers basilicum
- 1 eetlepel balsamicoazijn
- 3 eetlepels extra vierge olijfolie
- 50 g gezouten ricotta of feta

Dit is een Italiaanse klassieker met een heerlijke salsa die perfect bij het vlees past. Het is met name voor vleesliefhebbers een perfect gerecht, omdat het vlees de hoofdrol opeist. Ik wil je wel op het hart drukken dat het ontzettend belangrijk is dat je bij het bakken van een mooi stuk vlees als dit heel goed op je gevoel moet afgaan. Ik geef in dit recept wel een paar richtlijnen, maar voor meer informatie kun je terecht op www.jamieoliver.com/how-to. Daar vind je een video waarin uitgelegd wordt wat er bij het bakken van een perfecte steak allemaal komt kijken.

Haal het vlees uit de koelkast. Druk het als het aan één kant duidelijk dikker is een beetje plat om het mooi gelijkmatig te maken, en leg het met de fijngehakte blaadjes van 2 takjes rozemarijn in een kom. Bestrooi het vlees met een paar flinke snuffen peper en sprenkel er een scheut extra vierge olijfolie over. Keer de steak een paar keer om tot hij rondom ingevet is en masseer de peper en rozemarijn goed in het vlees. Dek de kom af met keukenfolie en laat het vlees ongeveer een uur marineren en op kamertemperatuur komen. Als je het vlees echt heel intens van smaak wilt, moet je het 5 tot 6 uur in de koelkast leggen. Haal het er dan wel 30 minuten voor het bakken uit.

Zet intussen een grillpan op hoog vuur of steek de barbecue aan en laat goed heet worden. Prik met een scherp mes gaatjes in de Spaanse peper. Leg de tomaatjes en de peper in de hete pan, keer ze regelmatig om tot er rondom zwarte blaasjes op zitten, leg ze als ze klaar zijn in een kom en dek ze af met keukenfolie. Trek er als ze afgekoeld zijn de velletjes af. Snijd de peper in de lengte doormidden en schraap er de zaadjes uit. Verhit de oven tot 200 °C (gasovenstand 4).

Zet een ovenbestendige pan op hoog vuur en leg er als hij echt gloeiendheet is de steak in. Je braadt het vlees maar 4 minuten aan om het een mooi kleurtje te geven, dus keer het elke minuut om. Doe na 2 minuten een klontje boter in de pan en kwast de boter als hij gesmolten is met de 2 resterende takjes rozemarijn op het vlees. Doe er als je het vlees voor de laatste keer omdraait een tweede klontje boter bij en haal de pan van het vuur. Giet het vet voorzichtig af en zet de pan in de hete oven.

Als richtlijn kun je uitgaan van 10 tot 12 minuten voor rauw, 15 tot 17 minuten voor rauw tot medium, en tussen de 20 en 22 minuten voor medium, maar ga bij het bakken vooral op je eigen gevoel af. Keer het vlees hoe dan ook halverwege om. Laat het vlees na het bakken 5 minuten op een warm bord rusten. Wrijf het in met de snijkant van de teen knoflook en maak het af met een klontje boter of een scheutje extra vierge olijfolie.

Hak terwijl het vlees ligt te rusten de tomaatjes, de Spaanse peper, de knoflook en de kruiden op een snijplank door elkaar. Doe alles in een kom en giet er de baslamicoazijn en extra vierge olijfolie bij. Kruimel er de kaas bij en breng de salsa met een snufje zout en peper op smaak. Proef en voeg eventueel nog wat azijn of specerijen toe. Snijd het vlees in plakken, verwijder de vetrandjes en strooi wat zout op het vlees. Sprenkel het vleessap van het bord bij de salsa en over de steak en serveer er een mooie salade bij.

WITTE POLENTA MET RUNDVLEES INVOLTINI

Voor 4 personen

- 8 à la minute bieflapjes van 100 g elk
- zeezout en zwarte peper uit de molen
- 150 g van het blok geraspte Parmezaanse kaas
- 4 takjes verse rozemarijn, alleen de blaadjes, fijngehakt
- 2 grote tenen knoflook, gepeld en fijngehakt
- olijfolie
- 1 ui, gepeld en heel fijn gehakt
- 1 stengel bleekselderij, schoongemaakt en heel fijn gehakt
- 1 theelepel venkelzaad, fijngestampt
- ½ verse rode Spaanse peper, zonder zaadjes, fijngehakt
- 3 dl rode wijn
- een paar takjes verse bladpeterselie, grof gehakt
- een flinke hand paddenstoelen, zoals cantharellen of girolles, schoongeborsteld
- 2 blikken van 400 g gehakte tomaten
- 200 g witte polenta
- een flinke klont boter

Delicioso! Involtini is een klassieke manier om een goedkoop stuk rundvlees boterzacht, mals en overheerlijk klaar te maken. Als je bij de slager om à la minute bieflapjes vraagt, weet hij dat hij ze plat moet slaan en bespaar je jezelf die moeite! Het is in feite niets anders dan een stoofpot op basis van tomaat en wijn waaraan je voor de smaaknuance verschillende seizoeningrediënten toevoegt. De rode wijn, de wilde paddenstoelen en het rundvlees geven een waanzinnige diepgang aan de zalig zoete smaak van de tomaten. Op of bij een bord heerlijke polenta is dit een echte topper. Probeer het maar eens.

Leg de bieflapjes tussen twee vellen keukenfolie of bakpapier op een snijplank en sla ze met de onderkant van een zware pan of een deegroller uit tot een dikte van ongeveer een halve centimeter en de afmeting van een ansichtkaart. Kruid de lapjes met zout en peper en strooi er voldoende Parmezaanse kaas op om ze een egaal laagje te geven. Strooi er vervolgens de helft van de gehakte rozemarijn en alle knoflook op. Rol de lapjes strak op en prik de rolletjes vast met een cocktailprikker of een gestript takje van de rozemarijn.

Verhit een paar flinke scheuten olijfolie in een grote pan op heel hoog vuur. Leg er de opgerolde bieflapjes in en bak ze rondom bruin - dat duurt ongeveer 5 minuten. Leg de rolletjes als ze eenmaal bruin zijn op een bord en giet het vet weg. Schenk een vers scheutje olijfolie in de pan en doe er ui, bleekselderij, venkelzaad en Spaanse peper bij. Roerbak 5 minuten tot de ui zacht is.

Leg de vleesrolletjes terug in de pan en giet er de rode wijn bij. Doe er de gehakte peterselie, de rest van de rozemarijn en de paddenstoelen bij, en laat de wijn ongeveer tot de helft inkoken. Doe er vervolgens de blikken gehakte tomaat bij en zet de hele boel net onder water. Breng het aan de kook, voeg een klein snufje zout en een flinke snuf zwarte peper toe, draai het vuur laag en leg de deksel iets scheef op de pan. Laat het mengsel 1½ tot 2 uur pruttelen, of tot het vlees boterzacht is, en roer er van tijd tot tijd een scheutje water door als je denkt dat de saus te dik wordt. Breng de saus als hij klaar is perfect op smaak.

Breng ongeveer 40 minuten voordat je involtini klaar is 8 deciliter water met 1 theelepel zout aan de kook. Roer er als het water kookt geleidelijk de polenta door, blijf 1 minuut roeren, en draai het vuur laag zodra het begint te pruttelen en spetteren. Leg een deksel op de pan en laat de polenta zachtjes koken terwijl je af en toe roert. Het moet een nattige, papachtige consistentie worden, dus doe er als het te dik wordt een extra scheutje heet water bij. Haal de pan na 40 minuten van het vuur en klop er wat Parmezaanse kaas en de boter door. Voeg naar smaak zout en peper toe.

Schep de polenta op een grote schaal of verdeel hem over de borden. Schep er de involtini met de heerlijke saus over, bestrooi met parmezaan en serveer.

Venetië is een stad op [illegible] aan de Adriatische Zee, dus je kunt je voorstellen dat de markten er vol zalige vis en zeebanket liggen. Je vindt er ook veel producten uit de Middellandse Zee. Met recht een paradijs voor visliefhebbers dus.

VENETIAANSE VISSTOOF

Voor 4-6 personen

- 6 grote, rijpe vleestomaten, of 2 blikken van 400 g gehakte tomaten
- 300 g kleine schelpjes (vongole)
- ongeveer 300 g kleine pijlinktvisjes, met tentakels en vinnen, schoongemaakt
- olijfolie
- 1 rode ui, gepeld en in ringen gesneden
- 2 tenen knoflook, gepeld en in dunne plakjes gesneden
- 3 ansjovisfilets
- ½ theelepel venkelzaad
- 5 of 6 zwarte of groene olijven, zonder pit en geplet
- 2 verse laurierblaadjes
- 4 langoustines of tijgergarnalen
- 1 kleine zeebaars, zonder vinnen, geschubd, schoongemaakt en doormidden gesneden
- 1 middelgrote mul, zonder vinnen, geschubd, schoongemaakt en doormidden gesneden
- 1½ dl prosecco of witte wijn
- zeezout en zwarte peper uit de molen
- sap van ½ citroen, plus 1 citroen, in partjes
- 3 dl hete groente- of kippenbouillon
- 1 ciabatta, in plakjes
- extra vierge olijfolie
- een paar takjes verse bladpeterselie, alleen de blaadjes
- desgewenst een hand courgettebloemen

Een visstoofschotel als deze moet iedereen een keer geprobeerd hebben. Het is niet zo'n modelstoofpot met keurige filetjes, maar een ruige variant. Als je duurdere ingrediënten zoals langoustines weg wilt laten, is dat prima. Gebruik gewoon wat voorhanden en betaalbaar is. Aan de smaak en het plezier doet het weinig af. Ik gebruik een glas prosecco omdat iedereen in Venetië dat drinkt en het daar heel goedkoop is, maar ook hiervoor geldt dat je net zo goed een andere soort witte wijn kunt gebruiken. Als je je gewoon aan het basisrecept houdt, kan het bijna niet misgaan. Doop er een broodje in, slurp je bord leeg, pluk de schelpjes en schaaldieren uit elkaar... en geniet!

Snijd een klein kruisje in de boven- en onderkant van de tomaten. Leg ze ongeveer 30 seconden in een pan kokend water tot de velletjes los beginnen te komen, en schep ze vervolgens over in een kom koud water. Wacht tot ze voldoende afgekoeld zijn om ze aan te pakken, trek de velletjes eraf, verwijder de zaadjes en hak het vruchtvlees in kleine stukjes. Als je deze stoof in de winter klaarmaakt, kun je ook 2 blikken gehakte tomaat gebruiken.

Schrob de schelpen in ruim water schoon en geef exemplaren die niet strak dicht zitten een tikje. Als ze dan nog niet dichtgaan, moet je ze weggooien. Leg de pijlinktvisjes plat op een snijplank en schuif er voorzichtig een mes in zodat de onderkant intact blijft, terwijl je met een ander mes sneetjes in de bovenkant maakt (zoals op de foto). Het is vooral een esthetische kwestie, maar het zorgt er ook voor dat ze sneller gaar worden en dat de saus er beter aan hecht. Leg de inktvisjes zolang opzij.

Zet een grote, wijde steelpan met een flinke scheut olijfolie op heel hoog vuur. Doe er ui, knoflook, ansjovis, venkelzaad, geplette olijven en laurierblaadjes bij en roerbak 3 tot 4 minuten. Doe er vervolgens de langoustines, schelpjes, zeebaars, mul, pijlinktvis, prosecco en gehakte vleestomaten of gehakte tomaat uit blik bij. Voeg naar smaak een flinke snuf zout en peper toe, leg een deksel op de pan en draai het vuur wat lager zodat het heel zachtjes pruttelt. Proef de saus na 12 minuten en doe er het citroensap bij. Breng eventueel nog wat verder op smaak en schenk er voldoende bouillon bij om de saus de gewenste consistentie te geven. Als het goed is, zijn de schelpjes intussen allemaal open en is de vis mooi gaar. Draai het vuur nu helemaal laag.

Zet een grillpan op hoog vuur en rooster de sneetjes ciabatta tot ze lekker krokant en licht geschroeid zijn. Besprenkel ze met een klein beetje extra vierge olijfolie. Als er nog dichte schelpjes in de pan zitten, moet je die eruit vissen en weggooien. Strooi gehakte peterselie en eventueel gesnipperde courgettebloemen in de pan en sprenkel er nog wat extra vierge olijfolie over. Geef er partjes citroen bij om uit te knijpen.

Koken met mijn vissersvrienden was echt ontzettend leuk. Omdat deze jongens verse vis en goede pasta de normaalste zaak van de wereld vinden, wilde ik ze iets heel speciaals voorschotelen. Deze vongole zijn razendsnel klaar en erg lekker, dus perfect geschikt. Onder het genot van een mooie fles prosecco hebben we erg gelachen om het feit dat wij niet de enigen waren die ons buikje vol aten. Ook de muggen hadden de dag van hun leven!

SPAGHETTI VONGOLE

Voor 4 personen

- 1 kilo kleine schelpjes (vongole), geschrobd
- een klein bosje verse bladpeterselie
- 4 tenen knoflook
- 10 kerstomaatjes
- 2½ dl witte wijn
- 400 g gedroogde spaghetti
- zeezout en zwarte peper uit de molen
- extra vierge olijfolie
- 1-2 gedroogde Spaanse pepers

Schelpen waren - en zijn - in Venetië in overvloed beschikbaar. Zo veel zelfs dat ze in de regio min of meer als armeluisvoedsel beschouwd worden. Hoewel dit recept oorspronkelijk uit Venetië komt, is het zo lekker dat het inmiddels uitgegroeid is tot een echte Italiaanse klassieker. De meningen lopen uiteen over de vraag of het al dan niet met tomaten gemaakt wordt, maar ik vind de subtiele smaak en de zoetheid die ze toevoegen gewoon erg lekker. Timing is bij dit gerecht van cruciaal belang om perfect gestoomde schelpjes en al dente pasta te krijgen. Als je het eenmaal een paar keer hebt klaargemaakt, krijg je er steeds meer handigheid in en lukt het eigenlijk altijd.

Breng een pan water aan de kook en zoek intussen de schoongemaakte schelpjes uit. Als ze niet goed dicht zitten moet je er een tikje op geven. Gooi schelpjes die dan nog niet dichtgaan weg. Zet een grote pan met deksel op hoog vuur en laat hem goed heet worden. Hak de peterseliesteeltjes in kleine stukjes en houd ze apart. Snijd de blaadjes in grove stukjes. Pel en hak de knoflooktenen, snijd de tomaten in kwarten en zet de wijn alvast klaar.

Doe de pasta met een snufje zout in de pan kokend water en kook hem volgens de aanwijzingen op de verpakking tot hij net al dente is. Begin ongeveer 5 minuten voordat de pasta klaar is met de saus - ga hierbij heel vlug te werk, dus geen getreuzel! Schenk 4 royale scheuten extra vierge olijfolie in de hete pan en doe er de knoflook, peterseliesteeltjes, een flinke snuf zout en peper, de verkruimelde Spaanse pepers en de gehakte tomaten bij. Blijf continu roeren en doe er zodra de plakjes knoflook bruin beginnen te worden de schelpjes en de wijn bij. Het zal flink spetteren en stomen, dus leg er gauw een deksel op en schud de boel flink door elkaar. Na 3 tot 4 minuten beginnen de schelpjes open te gaan, maar blijf dan nog wel even schudden. Haal de pan van het vuur en gooi schelpjes die nog steeds niet open zijn weg.

Giet de inmiddels perfect gare pasta af en doe hem met de gehakte blaadjes peterselie en een scheutje extra vierge olijfolie bij de schelpjes in de pan. Hussel of roer de hele boel een minuutje of twee door elkaar zodat het heerlijke sap van de schelpjes goed in de pasta wordt opgenomen en ga zo snel mogelijk aan tafel. Geen Italiaan zal het in zijn hoofd halen dit gerecht te serveren zonder een stuk knapperig brood om het sap mee op te deppen. Geweldig!

PS De eerste keer dat je deze spaghetti vongole klaarmaakt, zal het best lekker worden, maar het zit er dik in dat niet alles exact tegelijk klaar is. Maak je echter geen zorgen. Bij dit gerecht gaat het voor een groot deel om zelfvertrouwen, en hoe vaker je het maakt, hoe beter je timing... en hoe lekkerder!

Italië heeft fantastische wijnbars, om nog maar te zwijgen over de talloze winkels met gebak, ijs en koekjes in alle soorten en maten. Een bezoek aan Venetië is niet compleet zonder een glas (of fles) prosecco. De beroemde Bellini – een mix van perzik en prosecco – is mijn moeders idee van de hemel!

Pasticceria

"OSSI"
VENEZIA

NINI BELLINI

Voor 6 personen

- 2 rijpe perziken, als het even kan platte
- 1 fles van 7½ dl koele prosecco

Ik heb deze prachtige cocktail vernoemd naar Leo Caplans vrouw Janine (of Nini, zoals ze door familie en vrienden wordt genoemd). Leo deed een dermate royale schenking aan de stichting Help a London Child, dat ik uit dankbaarheid heb beloofd een recept in dit boek aan zijn lieve vrouw op te dragen.

Een perzik Bellini is een klassieke Venetiaanse cocktail waarvan mijn maat Arrigo er enorm veel verkoopt in zijn wereldberoemde zaak Harry's Bar, die in 1931 door zijn opa, Giuseppe Cipriani, werd geopend. De oude baas was een waar genie en bedacht naast deze prachtige cocktail ook een gerecht waar ik nog altijd dol op ben: carpaccio. Het verhaal gaat dat toen Giuseppe deze cocktail voor het eerst maakte, de zon net onderging en de kleur van het drankje exact gelijk was aan die van zijn favoriete schilderij van Bellini... de rest mag je zelf invullen! Als je geen mooie rijpe, platte perziken kunt krijgen, kan het ook met perziken uit blik.

Ik vind dat je deze cocktail het best op het laatste moment, ten overstaan van je gasten klaar kunt maken. Snijd de perziken doormidden, verwijder de pitten, hak ze met een scheutje water in een blender tot een dunne, gladde puree en schenk die in een kan. Als je geen blender hebt, kun je ze ook met schil en al fijn knijpen, en door een zeef wrijven, zodat de puree zo veel mogelijk van de smaak en kleur van de schil meekrijgt. Je kunt de puree zo fijn maken als je zelf wilt, maar ik vind een beetje grof helemaal niet erg... dat is wel zo rustiek. Gooi de vaste bestanddelen die in de zeef achterblijven weg (of eet ze op!), schenk de prosecco bij de puree in de kan en roer rustig door elkaar. Verdeel het mengsel over zes glazen en vul ze eventueel verder met een extra scheutje prosecco. Proost!

PS Het idee van een Bellini is niet alleen toepasbaar op perziken - nectarines en bessen kun je ook op deze manier gebruiken. Eigenlijk is er voor elke maand van het jaar wel een Bellini te bedenken.

DE BESTE TIRAMISU

Voor 12 personen

- 250 g pure chocola (70% vaste cacaobestanddelen) van goede kwaliteit
- 50 g boter, in blokjes
- zeezout
- 175 g lange vingers
- 4 dl hete, zoete koffie
- Vin Santo of een andere zoete dessertwijn
- 4 grote eieren, liefst vrije uitloop of biologisch
- 100 g tafelsuiker
- 750 g mascarpone
- 2 sinaasappels
- een paar verse koffiebonen, fijngestampt

Wat mij betreft is tiramisu - en als Italianen het horen, willen ze me vermoorden - in feite de beste trifle ter wereld. De Venetiaanse keuken kent weinig desserts, maar dit is een echte klassieker. Het is eigenlijk een doodeenvoudige combinatie van cake, koffie en room, maar ik vind chocola en koffie zo goed bij elkaar passen dat je er volgens mij absoluut een beetje chocola door moet doen. Ik gebruik in dit recept eiwitten, ook al niet traditioneel, maar die maken het wel heerlijk luchtig en in combinatie met de mascarpone ook wat minder machtig.

Zet een glazen kom op een pan zachtjes pruttelend water, maar zorg dat de bodem van de kom het water niet raakt. Kruimel 200 gram van de chocola in de kom en houd de andere 50 gram aan één stuk. Doe er de blokjes boter en een snufje zout bij, en wacht ongeveer 5 minuten tot alles gesmolten en gemengd is. Help een beetje door af en toe even te roeren.

Bekleed intussen een grote, diepe kom of ronde aardewerken schaal (ongeveer 30 centimeter in diameter en 12 centimeter diep) met lange vingers en giet er voorzichtig de hete koffie overheen. Schenk een paar scheutjes Vin Santo bij de gesmolten chocola, roer het erdoor en sprenkel het mengsel over de lange vingers. Smeer de chocola met een spatel uit zodat je een mooi gelijkmatig laagje krijgt. Zet de schaal even opzij om af te laten koelen.

Scheid de eieren en doe de eiwitten en de dooiers elk in een aparte kom. Doe de suiker (eventueel met een scheutje Vin Santo) bij de dooiers en klop ze gedurende 5 minuten met een handmixer op de hoogste stand, of met de hand, tot de suiker is opgelost en de dooiers bleek en luchtig zijn. Spatel er de mascarpone en de geraspte schil van 1 sinaasappel door.

Was en droog de gardes en klop de eiwitten met een snufje zout tot er stijve pieken op blijven staan - het moet ongeveer dezelfde consistentie hebben als het mascarponemengsel en moet niet meteen inzakken als je de gardes uit de kom haalt.

Spatel met een grote metalen lepel eerst een flinke klodder eiwit door het mascarponemengsel en schep er vervolgens de rest van het eiwit door. Schep en smeer dit mengsel op de lange vingers met chocola in de kom.

Strooi er de fijngestampte koffiebonen op. Schaaf de rest van de chocola met een dunschiller of een vlijmscherp mes in sierlijke krullen en strooi die er samen met de helft van de geraspte schil van de tweede sinaasappel overheen. Zet de tiramisu ongeveer 2 uur in de koelkast om hem op te laten stijven.

€ 52,00
PRODOTTO
CAT
ACCIUGHE SALATE
€ 19,00
371 SICILIA

SPINKRABBEN

Granceola is het Italiaanse woord voor een soort grote **spinkrabben** met delicaat, zoet vlees. Het vlees wordt na het koken schoongemaakt, geplukt en met een scheutje olie, een plukje peterselie en wat citroensap in een schaal geserveerd, of door pasta of risotto geroerd.

KLEINE SCHELPJES

Caparozzolo is het Venetiaanse woord voor *vongole* of **kleine schelpjes** – in de lagune van Venetië komt een erg lekkere soort voor. Ze worden meestal met spaghetti of risotto gegeten, of gewoon met een kneepje citroensap.

POLENTA EN PARMEZAANSE KAAS

Polenta is gedroogde en fijngemalen witte of gele maïs die door kokend water geroerd wordt om een dikke, romige pap te maken. Heerlijk met geraspte **Parmezaanse** kaas.

ASPERGES

In de regio Veneto zie je zomers overal prachtige groene en witte **asperges**. Ze zijn erg lekker bij risotto en pasta, maar je kunt ze ook gewoon grillen tot ze lekker mals zijn.

PROSECCO EN GRAPPA

Prosecco is een droge, mousserende witte wijn die gemixt met perzikpuree - in de vorm van een Bellini - een van de populairste aperitieven van Venetië is. **Grappa** is een heldere sterkedrank die vaak als digestief wordt geserveerd.

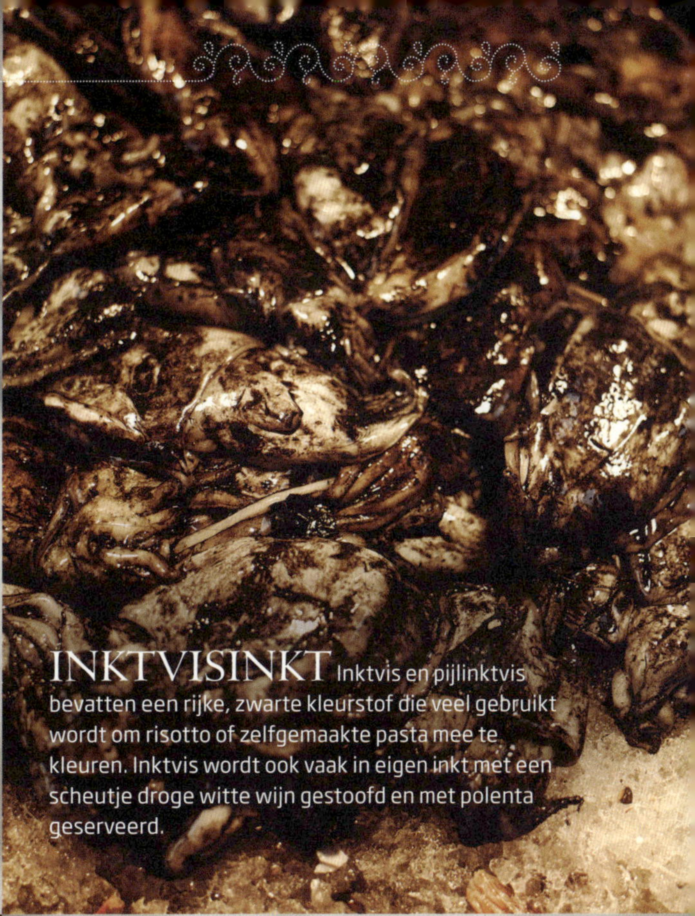

INKTVISINKT

Inktvis en pijlinktvis bevatten een rijke, zwarte kleurstof die veel gebruikt wordt om risotto of zelfgemaakte pasta mee te kleuren. Inktvis wordt ook vaak in eigen inkt met een scheutje droge witte wijn gestoofd en met polenta geserveerd.

RADICCHIO DI TREVISIO

Radicchio di Trevisio groeit in de buurt van Venetië en is een geliefd ingrediënt dat prima gesmoord en gegrild kan worden, maar ook erg lekker is in risotto en salades.

VOLKOREN BIGOLI EN RISOTTORIJST

Bigoli is volkoren spaghetti. **Risottorijst** vormt de basis van de romige, zetmeelrijke risottogerechten waar het noorden van Italië zo beroemd om is.

Berkel

Z ZWEDEN

ZWEDEN

Mensen gaan graag naar steden als Londen, Parijs en Rome en dat zijn natuurlijk ook fantastische plekken, maar er zijn nog zat andere, minder prominente steden die je absoluut een keer bezocht moet hebben – Stockholm is er daar een van.

Het is niet alleen een mooie stad om te zien, het is er ook schoon, georganiseerd, hip en stijlvol. De mensen zijn er mooi en het zijn overwegend echte levensgenieters. Dankzij de fantastische markten, beurzen, winkels, restaurants en de haven hoef je je in Stockholm geen moment te vervelen.

De stad bestaat uit veertien hoofdeilanden, dus overal waar je kijkt zie je bruggen en waterwegen, en dat is dan ook de reden waarom het vaak het 'Venetië van het noorden' wordt genoemd. De oude stad, Gamla Stan, is een van de mooiste middeleeuwse plaatsen die ik ken. Ik heb er een heerlijke ochtend doorgebracht met rondneuzen in prachtige kleine winkeltjes en bakkerijen, en heb tussendoor op een plein warme chocolademelk gedronken met de lokale bevolking. Het kon niet beter.

Een van de grootste bonussen van een stad omringd door water is dat je altijd verse vis en schaaldieren binnen handbereik hebt. De strikte milieuwetten van Zweden garanderen dat in het schone, koude water van de Norrström-rivier, met zijn vele vertakkingen in de stad zelf, een enorme verscheidenheid aan vis voorkomt. De vissen zijn langzamer gegroeid en hebben daardoor veel compacter vlees dan hun soortgenoten in warmere wateren. Omdat Zweden sinds de jaren tachtig een vrij liberaal visserijbeleid kent, is het heel normaal dat mensen langs de waterkant of vanuit een bootje een maaltje snoek, brasem, Baltische haring of snoekbaars proberen te vangen – wat wil je nog meer in je eigen stad?

Sinds de komst van de budgetvliegmaatschappijen hebben veel van mijn vrienden steden als Barcelona en Rome bezocht, maar ik was de eerste die voor Stockholm koos. Ik kan het iedereen echt van harte aanbevelen en weet zeker dat de stad je niet zal teleurstellen. De stad is groot genoeg om interessant te zijn, maar tegelijkertijd klein genoeg om gastvrij, intiem en vriendelijk aan te voelen. De meeste mensen zijn nogal temperamentvol, maar wel evenwichtig (iets wat je meestal wel kunt waarderen als je in een stad als Londen woont!). Over het algemeen kun je stellen dat het een van de meest toegankelijke steden is voor wie er een paar heerlijk ontspannen daagjes uit wil. Ik wil niet gemakzuchtig lijken, maar iedereen die ik er ontmoette, van de jongen die op de markt rendierenvlees verkocht tot de kids die aan de kade zaten te vissen, sprak voortreffelijk Engels, en de meesten hadden zelfs een beter verstaanbaar accent dan ik! Het kan soms best prettig zijn om een vreemde cultuur te leren kennen terwijl je wel gewoon in je eigen taal met de lokale bevolking kunt praten, en vragen kunt stellen over de dingen die je om je heen ziet.

De meeste mensen realiseren zich niet dat de Zweedse keuken er een is om rekening mee te houden, maar dat is echt zo. Ik hoop dat de recepten in dit hoofdstuk je daarvan zullen overtuigen. Ik stond versteld van de pure, verfijnde smaken die ik tegenkwam. Dankzij de lange, strenge winters hebben de Zweden zich min of meer noodgedwongen ontwikkeld tot de beste inmakers ter wereld, en dat komt dan ook duidelijk tot uitdrukking in de belangrijkste ingrediënten en gerechten, variërend van delicate gravad lax en waanzinnig ingemaakt zuur, tot verrukkelijk gedroogd vlees.

De Zweedse keuken heeft onmiskenbaar geprofiteerd van de historische rol die het land door de eeuwen heen heeft gespeeld in de specerijenhandel, en de Zweden zijn erin geslaagd de exotische smaken op bijzondere manieren te combineren met hun eigen, lokale ingrediënten. Dat zie je bijvoorbeeld aan een subtiele hint karwij in een zacht deeg, of aan het overmoedige maar briljante gebruik van komijn bij vis. Ze maken er wat van. Ik was echt heel aangenaam verrast door de gerechten die ik tegenkwam... En dat is precies waar dit boek over gaat.

Een andere grote verrassing was dat de Zweden tot de grootste koffiedrinkers ter wereld behoren. Op dat vlak hoeven ze maar één land vóór zich te dulden (let op, nog een verassing): Finland! Het is dus vrij logisch dat de koffiecultuur in Stockholm zeer uitgebreid is, en het stikt er van de koffiehuizen waar ze de heerlijkste taartjes en broodjes verkopen. Sommige zijn chic, decadent en enigszins Frans georiënteerd, maar je hebt ook een soort gevlochten zuurdesembroodjes met uitgesproken specerijen zoals kruidnagel en kardemom, afgemaakt met suiker. Hieruit blijkt weer dat wanneer je zelfbewust met smaken omgaat, de meest onwaarschijnlijke combinaties mogelijk blijken.

Van de andere vijf landen die ik voor dit boek heb bezocht, had ik van tevoren hoge verwachtingen, en hoewel ik wist dat Zweden mooi was, had ik niet verwacht dat ik zo onder de indruk zou zijn. De Zweedse keuken bleek uiteindelijk de underdog die de show stal! Ik heb fantastische dingen geproefd, eilanden in de archipel bezocht, uren in de bossen doorgebracht en geprobeerd zo veel mogelijk van de Zweedse cultuur te proeven (en van de schnaps, of 'snaps' zoals ze het daar noemen!). Maar het meest bijzondere aan deze reis was denk ik dat ik ondanks het drukke programma volledig fris en uitgerust terugkwam, en het gevoel had dat ik de hele wereld aankon. Het kan bijna niet anders of het eten had daar iets mee te maken. Hopelijk kan ik via de recepten in dit hoofdstuk iets overbrengen van wat ik inmiddels weet: de Zweedse keuken is groots, spannend en stoer, en behoort tot de absolute wereldtop.

ZWEEDSE GEHAKTBALLETJES

Voor 4-6 personen

Voor de gehaktballetjes

- een hand gemengde verse kruiden, zoals dille, bladpeterselie of bieslook, grof gehakt
- 300 g varkensgehakt, de beste kwaliteit die je je kunt veroorloven
- 300 g rundergehakt
- 1 groot ei, liefst vrije uitloop of biologisch
- 1 dl melk
- 75 g gedroogd broodkruim of paneermeel
- 1 theelepel gemalen pimentbes
- zeezout en zwarte peper uit de molen
- olijfolie

Voor de saus

- sap van ½ citroen
- 3 dl rundvleesbouillon, liefst biologisch (als je een blokje gebruikt, is een halve voldoende)
- 1 eetlepel bloem
- 0,6 dl slagroom
- 1 potje van 200 g vossenbessen-, veenbessen-, bramen- of zwartebessenjam, voor erbij

Zelfs mensen die niets van de Zweedse keuken weten, hebben ooit wel eens gehoord of geproefd van de beroemde Zweedse gehaktballetjes - met name sinds IKEA de wereld heeft veroverd (ik heb gehoord dat ze in hun restaurants enorm veel verkocht worden). In combinatie met puree en vossenbessensaus vormen ze een perfecte maaltijd: lekker, voedzaam en een tikje zoet. Als je veel mensen over de vloer krijgt, kun je er een lading van op tafel zetten zodat iedereen zelf kan pakken.

Deze gehaktballetjes zijn heel eenvoudig te maken - als je tenminste een grote, wijde braadpan hebt. Dat maakt het braden wel zo makkelijk en je kunt hem voor veel andere gerechten gebruiken. Een goede braadpan is de investering dubbel en dwars waard.

Houd een plukje van de kruiden apart en doe de rest met de beide soorten gehakt, het ei, de melk, het paneermeel en het gemalen piment in een kom. Doe er een flinke snuf zout en peper bij en werk het gehakt met schone handen door elkaar. Verdeel het mengsel in tweeën en rol beide helften tot een lange worst. Snijd elke worst in 15 gelijke stukjes, maak je handen vochtig en rol 30 balletjes. Maak je handen tussendoor steeds vochtig, zodat je mooie, gladde balletjes krijgt. Leg ze op een grote ingevette bakplaat, dek ze af met keukenfolie en zet ze 1 uur in de koelkast om ze op te laten stijven.

Zet wanneer je zover bent de grootste pan die je hebt op matig vuur en doe er een scheut olijfolie in. Wacht tot de olie goed heet is en bak de balletjes 10 tot 15 minuten terwijl je ze af en toe omschept, tot ze rondom goudbruin zijn.

Schep de gehaktballetjes op een groot bord. Schep het grootste deel van het vet uit de pan en doe er het citroensap, een scheutje bouillon, de bloem, de slagroom, een volle eetlepel veenbessenjam of andere jam en een flinke snuf zout en peper in. Breng het mengsel aan de kook, draai het vuur laag en laat het inkoken tot het een consistentie heeft die goed aan de gehaktballetjes hecht. Proef of de saus voldoende op smaak is en doe er eventueel nog een snufje zout en peper bij.
Doe de gehaktballetjes terug in de pan en hussel ze door de saus.

Serveer de gehaktballetjes - ongeveer 8 per persoon is voldoende - met de saus en een paar lepels van de opgewarmde jam erbovenop. Ze gaan perfect samen met aardappelpuree, krokant gebakken aardappeltjes of zelfs rijst, maar persoonlijk vind ik ze het lekkerst met een puree van selderijknol. Strooi er de apart gehouden kruiden over en tast toe.

SPLITERWTENSOEP

Voor 6 personen

- olijfolie
- 2 stengels bleekselderij, schoongemaakt en in kleine blokjes gesneden
- 2 uien, gepeld en fijngehakt
- ½ theelepel gedroogde tijm
- ½ theelepel gedroogde marjolein of oregano
- 500 g gedroogde spliterwten, goed gewassen
- een stuk van 250 g gekookte, gerookte ham, de beste kwaliteit die je je kunt veroorloven
- 1½ liter kippenbouillon, liefst biologisch
- zeezout en zwarte peper uit de molen
- extra vierge olijfolie
- mosterd naar keuze, voor erbij
- knäckebröd, voor erbij

In Zweden wordt deze stevige erwtensoep al sinds de middeleeuwen gegeten. In die tijd was het elke donderdag vaste prik ter voorbereiding op de christelijke, vrijdagse vastendag. Als knipoog naar die traditie is bij de Zweedse marine donderdag nog altijd 'spliterwtensoepdag'. Ik heb de barakken van de koninklijke garde in Stockholm bezocht om een aantal mariniers te ontmoeten en de bijzondere soep te proeven. Qua smaak en substantie lijkt hij wel een beetje op de traditionele Engelse pease pudding en ook op de Hollandse snert. De Zweden koken hun gele spliterwten net als wij ook vaak met een stuk hamschijf of bacon. Als je in een nostalgische bui bent en behoefte hebt aan een eenvoudige, voedzame hap, dan is dit echt een briljant recept.

Zet een grote pan met een flinke scheut olijfolie op laag vuur. Doe er als de olie heet is de bleekselderij, ui en gedroogde kruiden bij, en laat 10 minuten zachtjes bakken terwijl je af en toe roert, tot ze zacht maar nog niet verkleurd zijn.

Doe er de gewassen spliterwten en ham bij, giet de bouillon in de pan en breng aan de kook. Draai het vuur matig tot laag, leg de deksel op de pan en laat de soep ongeveer 50 minuten zachtjes pruttelen tot de spliterwten heerlijk zacht zijn. Leg het stuk ham dan met een keukentang op een plank. Hak en pluk het vlees in snippers en gooi de zeentjes en vetrandjes weg. Stamp de spliterwten met een pureestamper tot de gewenste consistentie en roer er de stukjes ham door. Proef en voeg naar smaak zout en peper toe.

Verdeel de soep over de kommen en sprenkel er een paar drupjes extra vierge olijfolie over. Geef er een kommetje Engelse of dijonmosterd bij om de smaak op te peppen, en knäckebröd om te dopen.

SNOEKBAARS MET EEN SALADE VAN GEROOSTERDE BIETJES

Voor 4 personen

- zeezout en zwarte peper uit de molen
- 1 citroen
- 1½ dl zure room
- 4 snoekbaarsfilets van 150 g elk (kabeljauw, heilbot, schelvis of zeebaars kan ook), geschubd en van graten ontdaan
- olijfolie
- 1 theelepel karwijzaad
- 300 g spinazie, gewassen en droog geslingerd
- een paar klontjes boter
- extra vierge olijfolie

Voor de salade van geroosterde bieten

- grof zout
- 700 g gemengde rode, witte en gestreepte bieten, ongekookt, goed gewassen
- een klein bosje verse bieslook, fijngesneden
- een klein bosje verse dille, liefst met bloemetjes, de bloemetjes apart en de blaadjes fijngehakt
- 1 middelgrote rode ui, gepeld en in dunne ringen gesneden
- rodewijnazijn
- extra vierge olijfolie

In de wateren van Stockholm stikt het van de snoekbaars, maar als je ergens anders woont, kun je dit recept ook maken met andere stevige witvis zoals heilbot, kabeljauw, schelvis of zeebaars. Bij dit gerecht gaat het erom dat je de mooie vis zo puur mogelijk klaarmaakt en serveert met een spannende groente, zoals deze bieten. Tijdens het roosteren absorberen ze een heel klein beetje van het zout, maar ze worden tegelijkertijd heerlijk zacht en zoet. Vóór deze reis had ik het nooit in mijn hoofd gehaald om karwijzaad bij vis te serveren, of om zoveel kruiden in een salade te verwerken (en dat terwijl ik er op zich een groot liefhebber van ben), maar de Zweden zijn op het gebied van specerijen en kruiden zo onverschrokken dat ik me door die benadering heb laten inspireren.

Verhit de oven tot 200 °C (gasovenstand 4). Strooi een paar handjes grof zout in een grote braadslede. Snijd een kapje van de onderkant van de bieten, plaats ze rechtop op het zout en zet ze ongeveer 1 uur in de hete oven. Roer een snufje zout en een flinke kneep citroensap door de zure room en zet hem zolang opzij.

Haal de bieten uit de oven als ze mooi geroosterd zijn en draai de oven op de laagste stand. Laat de bieten een beetje afkoelen, trek er als ze handelbaar zijn de velletjes af en gooi die weg. Snijd de donkere, paarse bieten in kwarten en zet ze aan de kant. Snijd de rest in kwarten en vervolgens in dunne plakjes, en doe ze met het bieslook, het grootste deel van de dille en de ui in een kom. Doe er een snufje zout en peper en een scheutje rodewijnazijn en extra vierge olijfolie bij. Hussel alles met je handen goed door elkaar.

Zet een grote pan op matig tot hoog vuur. Prik gaatjes in het vel van de visfilets en maak er met ongeveer 3 centimeter tussenruimte kleine sneetjes in. Houd de sneetjes echt heel oppervlakkig. Wrijf de filets in met een scheutje olijfolie en een snufje zout en peper. Leg ze op het vel in de hete pan, bak ze 3 minuten tot het vel lekker krokant is, keer ze om en bak de andere kant ongeveer 1 minuut tot de filets gaar zijn.

Doe er de karwijzaadjes, de apart gehouden dille (inclusief de bloemetjes, als je die hebt) en de spinazie bij. Strooi er een snufje zout op en laat de pan nog 30 tot 60 seconden op het vuur staan tot de spinazieblaadjes slinken. Haal op dat moment de pan van het vuur, strooi een paar kleine klontjes boter op de spinazie en pers er het sap van een ½ citroen over.

Hussel de apart gehouden partjes donkere biet door de rest van de bietensalade en verdeel hem over de borden. Schep een plukje spinazie op de bietjes, leg er een gebakken filet op en sprenkel het overheerlijke sap uit de pan over de vis. Maak het af met een lepel zure room en een scheutje extra vierge olijfolie en zet de borden meteen op tafel.

BLUE
THUNDER

Angst, stress en overlevingskunst staan vaak aan de basis van de meest briljante recepten ter wereld. Het begraven en verduurzamen van grote lappen zalm, in de vorm van gravad lax, was de Zweedse oplossing voor voedselschaarste tijdens lange, strenge winters. Door bietjes en een scheutje schnaps aan het traditionele recept toe te voegen maak je een toch al prachtig gerecht nog veel spectaculairder.

GENIALE BIETEN-GRAVAD LAX

Voor 10 personen
als voorgerecht

Voor de vis

- 1 zijde zalmfilet, met vel, zonder graten (ongeveer 700 g)
- 160 g grof zeezout
- 50 g rietsuiker
- 40 g verse mierikswortel, geschild en geraspt (of geraspte mierikswortel uit een potje)
- 300 g rauwe bieten, geschild en grof geraspt
- ½ dl heldere schnaps of wodka
- een flinke bos verse dille, liefst met bloemetjes, bloemetjes apart, de blaadjes fijngehakt
- 1 citroen

Voor de romige saus

- 2 dl zure room
- 1-2 volle theelepels grove mosterd
- een flinke snuf zeezout en zwarte peper uit de molen
- geraspte schil en sap van ½ citroen
- een klein handje verse dille, fijngehakt

Ik maakte al gravad lax toen ik pas tien was en nog geen idee had dat het recept uit Zweden kwam. 'Gravad lax' is afgeleid van het Scandinavische woord voor 'graf', omdat ze hun zalmfilets oorspronkelijk in berkenschors verpakt onder een laag stenen begroeven om het zout er goed in te persen en de vis te verduurzamen. Dit prachtige, verfijnde gerecht heeft alles in zich wat ik zo aan de Zweedse keuken waardeer: het is chic, puur, fris, en het ziet er niet alleen waanzinnig uit, het is ook een fluitje van een cent om te maken. Als je familie of vrienden over de vloer hebt, kun je met een prachtige zelfgemaakte zijde de show stelen. Vanzelfsprekend kun je het ook kant-en-klaar in de supermarkt kopen, maar dat is niet te vergelijken met het gevoel van voldoening dat je krijgt van een prachtige, zelfgemaakte gravad lax, dus waarom niet?

Leg de zalm op het vel in een grote braadslede en schep er het grove zout in een gelijkmatige laag op - het zout trekt het vocht eruit en maakt het vlees compact en stevig genoeg om het in flinterdunne plakjes te snijden. Strooi er de suiker over om de vis een zoetje te geven en dek het vlees volledig af met een laag geraspte mierikswortel en bietjes. Druk de hele boel zachtjes aan (ik doe het niet, maar als je geen vlekken op je handen wilt, kun je keukenhandschoenen gebruiken). Sprenkel er de schnaps over en bestrooi het geheel met de gehakte dille en eventueel de bloemetjes.

Rasp er ten slotte de schil van de citroen over en dek de zalm strak af met keukenfolie. Leg er iets groots en zwaars op om alles goed aan te drukken (twee flessen mineraalwater, of een andere, iets kleinere braadslede met een paar blikken van het een of ander) en zet hem 48 uur in de koelkast.

Pak de vis na twee dagen uit en til hem op terwijl je het sap uit de slede weggiet. Veeg er met je handen alle beleg af (het is een vrij rommelig klusje waarbij keukenhandschoenen opnieuw van pas kunnen komen. Probeer het ook zo veel mogelijk direct in een plastic afvalzakje te vegen). Maak de vis goed schoon en dep hem vervolgens met een stuk keukenpapier droog.

Leg de vis op het vel en snijd de filet vanaf de staart met een heel lang, vlijmscherp mes van het vel af. Houd het mes daarbij iets scheef en beweeg het in lange halen tussen het vel en het vlees. Snijd er eventuele bruine randjes af en keer de filet om. Kijk hoe dit in zijn werk gaat op www.jamieoliver.com/how-to. Snijd de benodigde hoeveelheid flinterdunne plakjes en leg ze op een snijplank of serveerschaal. Wikkel de rest van de filet in keukenfolie. In de koelkast is de zalm op deze manier met gemak twee weken houdbaar.

Roer vlak voor het serveren de ingrediënten voor het sausje door elkaar. Proef of hij voldoende op smaak is en doe er eventueel nog een extra plukje dille of een scheutje citroensap bij. Serveer de saus in een kommetje naast de gravad lax. Overheerlijk in combinatie met de salade op de volgende pagina!

EENVOUDIGE KNAPPERIGE SALADE

Voor 4 personen

- 1 komkommer
- 1 rode ui, gepeld
- 3 kleine worteltjes
- 1 venkelknol, zonder buitenste blaadjes, in de lengte in kwarten gesneden
- 6 kleine radijzen, in kwarten gesneden
- 1 eetlepel wittewijnazijn
- 1 volle theelepel tafelsuiker
- 3 eetlepels extra vierge olijfolie
- een klein bosje verse dille, liefst met bloemetjes, de bloemetjes apart, de blaadjes grof gehakt
- een klein bosje verse bladpeterselie, fijngehakt
- zeezout

Wat ik echt fantastisch vind aan heerlijk knapperige salades, is dat je ze heel eenvoudig kunt aanpassen aan wat er toevallig aan verse producten voorhanden is. Deze salade is erg lekker bij steak of gravad lax, maar je kunt hem ook heel goed op zichzelf eten. Wat ik maar wil zeggen, is dat je alles wat stevig en knapperig is op de een of andere manier in deze salade zou moeten verwerken. Een goede mix van vormen en maten is altijd leuk. Laat je fantasie de vrije loop en creëer een feest van smaken en structuren. Hak sommige ingrediënten fijn, snijd andere in plakjes en gebruik ook eens een dunschiller of een mandoline om je salade een bijzondere structuur te geven - zolang je de ui maar flinterdun snijdt is het resultaat eigenlijk altijd lekker en spannend.

Als je alle geprepareerde groentes in een grote kom bij elkaar gooit is deze heerlijke salade in *no time* klaar. Snijd de komkommer in de lengte doormidden, schraap er met een scherpe theelepel de zaadjes uit en snijd beide helften in dunne plakjes. Snijd de gepelde ui in dunne ringen. Snijd de wortelen met een dunschiller in dunne reepjes. Snijd de venkel in dunne plakjes. Gooi de in kwarten gesneden radijzen zo in de kom en doe er azijn, suiker, extra vierge olijfolie, dilleblaadjes en peterselie bij. Voeg naar smaak een flinke snuf zout toe en hussel en wrijf alles grondig door elkaar. Proef of de salade voldoende op smaak is, strooi er de bloemetjes van de dille over en zet de kom meteen op tafel, zodat alles nog heerlijk knapperig en vol van smaak is. Zo simpel!

PS Als je een keukenmachine met julienneschijf of grove rasp hebt, kun je vrijwel alle ingrediënten ook daarmee snijden. Het ziet er dan wel wat eenvormiger uit, maar als je er toch een hebt, kun je hem net zo goed gebruiken.

ZWEEDSE CAESARSALADE MET KIP

Voor 4 personen

- 2 theelepels venkelzaad
- zeezout en zwarte peper uit de molen
- olijfolie
- 4 kipfilets van 150 g elk, met vel, liefst vrije uitloop of biologisch
- 12 kwarteleitjes
- 200 g Zweeds roggebrood
- 6 plakjes gerookte doorregen bacon, de beste kwaliteit die je je kunt veroorloven
- 4 flinke handen gemengde sla, zoals mini rode of gewone bindsla, little gem, radicchio of roodlof, goed gewassen, droog geslingerd, in grove stukjes gescheurd
- 1 bakje tuinkers, geknipt
- extra vierge olijfolie
- Västerbotten-, Parmezaanse of pecorinokaas, voor erbij

Voor de dressing

- 100 g zure room
- sap van ½ citroen
- een scheutje wittewijnazijn
- 4 ansjovisfilets
- een klein bosje verse dille

Deze salade heb ik gemaakt op de laatste dag dat ik in Zweden was. Het is in feite een klassieke Caesarsalade waar ik een paar typisch Zweedse ingrediënten in verwerkt heb. Zo gebruik ik stukjes roggebrood als croutons en een beetje dille voor een extra smaaknuance, ik schaaf er krullen Västerbotten-kaas over, en het venkelzaad geeft de kip een Zweeds tintje. De salade smaakt heerlijk en als je hem in een grote schaal op tafel zet, ziet hij er prachtig uit. Als je een restje gebraden kip over hebt, is dit echt een perfecte manier om dat te gebruiken.

Verhit de oven tot 190 C (gasovenstand 3-4). Kneus de venkelzaadjes met een flinke snuf zout en peper in een vijzel. Besprenkel de stukken kip met olijfolie en wrijf ze in met het venkelmengsel. Leg de filets op een bakplaat en zet ze ongeveer 20 minuten in de hete oven tot ze perfect gaar zijn. Laat de gare filets op een bord afkoelen maar gooi het vleessap dat op de plaat achterblijft niet weg. Verhoog de oventemperatuur tot 200 °C (gasovenstand 4).

Kook terwijl de kip in de oven staat de kwarteleitjes 2½ minuut en schep ze met een schuimspaan in een kom koud water. Laat ze even afkoelen, giet ze af, pel de schaaltjes er heel voorzichtig af en zet ze opzij.

Scheur het roggebrood in hapklare stukjes en hussel ze in het vleessap op de bakplaat door elkaar zodat ze zich goed volzuigen. Spreid ze als ze flink verzadigd zijn uit op de plaat en leg er de plakjes bacon overheen. Zet de plaat nu een minuut of tien in de hete oven, tot de plakjes bacon goudbruin en heerlijk krokant zijn. Haal de plaat uit de oven en laat de bacon en croutons op een stuk keukenpapier uitlekken.

Doe de zure room met het citroensap, de wittewijnazijn, de ansjovis en een flinke snuf zout en peper in een blender en hak tot een glad prutje. Proef of het voldoende op smaak is - de bedoeling is dat het een tikkeltje te zout en te zuur is. Hak de helft van het bosje dille fijn en roer het met een scheutje water door het prutje uit de blender, zodat je een kleverige, maar nog wel lichte dressing krijgt. Snipper de rest van de dille in een grote kom en doe er de slablaadjes bij.

Haal het vel van de kipfilets, trek het vlees in vlokken en breek de krokant gebakken bacon in stukjes. Strooi de kip, de croutons en de plakjes bacon op de sla en besprenkel het geheel met de dressing. Hussel alles voorzichtig maar wel zorgvuldig met je handen door elkaar. Leg de salade op een mooie grote serveerschaal en strooi er een plukje tuinkers over. Snijd de kwarteleitjes doormidden en leg die er netjes op. Maak het af met een scheutje extra vierge olijfolie en wat geschaafde krullen kaas, zet de schaal op tafel en laat iedereen zelf opscheppen.

'Surströmming' zijn de wereldberoemde Zweedse, stinkende haringen. En mijn hemel, stinken doen ze hoor! Ze zijn alleen wel enorm gezond en in combinatie met knapperig Zweeds brood met boter, een paar schijfjes gekookte aardappel, gehakte rode ui, tomaat, dille en zure room, bovendien vreselijk lekker. Je bent er dol op of je haat ze, maar vergeten zul je ze nooit!

CGP

ERIK DEN

INGEMAAKTE HARING

Voor 4 personen

- 4 grote (ongeveer 80 g elk) of 8 kleine ingelegde haringen
- 1½ dl zure room
- een bosje vers bieslook, fijngehakt
- 1 kleine rode ui, gepeld en heel fijn gehakt
- desgewenst viseitjes
- 1 citroen
- desgewenst dillebloemetjes, voor erbij
- desgewenst roggebrood en boter, voor erbij

Haring is in bijna de hele wereld een zeer ondergewaardeerde vis, maar ik heb tijdens deze reis geleerd dat de Zweden hem buitengewoon serieus nemen. Ze maken hun haring in november in, omdat de vissen dan net kuit hebben geschoten en het vlees weer compact en optimaal van smaak is.

Ik ben echt heel blij dat ik tijdens mijn bezoek aan Zweden de haring min of meer herontdekt heb. De variëteit aan smaken waarmee ze worden ingemaakt is echt verbluffend. Van dille tot rode ui, en van kruidnagel tot - geloof het of niet - kerriemayonaise! Bij de betere supermarkt zijn meestal wel potjes ingelegde Zweedse haring te koop, en ook bij viswinkels als je ze een paar dagen de tijd geeft. Je kunt ze ook heel goed via internet bestellen bij online winkels zoals www.totallyswedish.com. In de koelkast blijven ze geruime tijd goed en ze zijn waanzinnig lekker als voorgerechtje, of als hoofdgerecht met nieuwe aardappeltjes en een eenvoudige groene salade. Ik kan het echt aanraden.

Leg 1 of 2 haringen in het midden van elk bord en schep er een paar lepels zure room op. Bestrooi ze met een flinke hand gehakt bieslook en fijngehakte ui en schep er desgewenst een theelepel viseitjes op (tegenwoordig bij de meeste supermarkten verkrijgbaar). Rasp een klein beetje citroenschil over elk van de porties en garneer ze eventueel met een paar dillebloemetjes. Serveer er een paar sneetjes roggebrood met boter bij, en een partje citroen om uit te knijpen.

BEEKRIDDERPAKKETJES

Voor 4 personen

- 500 g nieuwe aardappelen
- zeezout en zwarte peper uit de molen
- 300 g snijbiet of spinazie, gewassen en droog geslingerd
- een klein bosje verse dille, grof gehakt
- olijfolie
- 4 beekridderfilets van 200 g elk (zeeforel of zalm kan ook), met vel, geschubd, zonder graten
- wittewijnazijn
- een klein bosje verse bieslook
- 1,2 dl zure room, voor erbij

Als je in Zweden bent, zou je beekridder zeker een keer moeten proberen. Hij ziet eruit als een kruising tussen forel en zalm, en gedijt buitengewoon goed in koude, noordelijke wateren. Koud water zorgt er meestal voor dat dingen langzamer groeien, en vaak betekent dat automatisch dat ze ook beter smaken. Dit gerecht is een beetje tegenstrijdig - weliswaar zitten er veel Zweedse ingrediënten in, maar het is niet echt traditioneel. In Zweden houden ze ervan gerechten min of meer ontleed - naast elkaar - op het bord te leggen, maar volgens mij komt het gezamenlijk stomen de smaak van alle individuele ingrediënten ten goede. Je kunt andere soorten vis, groentes en kruiden gebruiken, maar het idee van het gerecht blijft hetzelfde.

Verhit de oven tot 180 °C (gasovenstand 3). Doe de nieuwe aardappelen in een pan gezouten water, breng ze aan de kook, draai het vuur laag en laat ze 10 tot 15 minuten zachtjes pruttelen tot ze net gaar zijn. Giet ze af, doe ze terug in de pan en laat ze uitwasemen.

Snijd intussen de steeltjes van de snijbiet (als je die gebruikt) diagonaal in dunne plakjes. Rol de bladeren in een soort dunne sigaartjes en snijd die ook heel fijn. Spinazie kun je gewoon met steeltjes en al fijnhakken. Hussel de gesneden blaadjes en de grof gehakte dille in een grote kom door elkaar.

Doe een royale scheut olijfolie en een paar flinke snuffen zout en peper bij de aardappeltjes en hussel ze voorzichtig door elkaar. Pak de aardappeltjes een voor een op en knijp er zachtjes in zodat ze een beetje openbarsten.

Leg 4 grote stukken bakpapier van ongeveer 40 × 40 centimeter klaar. Verdeel de groentes en de nieuwe aardappeltjes over de stukken papier, schuif ze op een hoopje en leg er een visfilet op, met het vel boven. Sprenkel een eetlepel wittewijnazijn over elk van de filets, hak het bosje bieslook doormidden en strooi een paar takjes op de vis. Vouw het papier in de lengte over de vis heen en vouw het een paar keer dubbel, zodat je een soort platte rol krijgt. Prop de beide uiteinden onder het pakketje.

Leg de pakketjes op een bakplaat en zet ze 18 tot 20 minuten in de hete oven, tot de vis goed gaar is. Haal ze eruit. Roer in een mooi serveerschaaltje een flinke snuf zout en peper door de zure room en zet hem op tafel. Serveer de pakketjes dicht en laat je gasten hun eigen maaltje uitpakken.

PYTT Y PANNA (KLEINE STUKJES IN EEN PAN)

Voor 4 personen

- 2 dikke plakken gerookte bacon, of 6 plakjes gerookte, doorregen bacon, de beste kwaliteit die je je kunt veroorloven
- 2 gerookte of normale worstjes, gekookt, de beste kwaliteit die je je kunt veroorloven
- 300 g gebraden borststuk, of restjes gaar rundvlees
- 80 g salami, zonder vel
- 2 kleine uien, gepeld
- 3 grote wortelen, in kwarten gesneden
- 1 kilo aardappelen, geschrobd
- een paar takjes verse rozemarijn en tijm, alleen de blaadjes
- zeezout en zwarte peper uit de molen
- 4 kwarteleitjes
- een potje augurken, voor erbij

Voor de dressing

- 1 theelepel goede mosterd
- 1 eetlepel ciderazijn van goede kwaliteit
- 3 eetlepels extra vierge olijfolie
- een klein handje vers bieslook, fijngehakt
- een klein handje verse dille, grof gehakt
- een klein handje verse bladpeterselie, alleen de blaadjes

Ik had dit gerecht graag eerder in mijn leven leren kennen. Het is namelijk precies de doordeweekse hap waar ik gek op ben. In essentie is het eigenlijk een soort stamppot. Iedereen die je in Zweden tegenkomt, schijnt er een eigen recept op na te houden, en dit is dus mijn versie. Het enige consistente lijkt te zijn dat er restjes vlees en aardappel in horen. Het idee is dat je alle ingrediënten in blokjes van 1 à 2 centimeter snijdt en ze gaandeweg in de pan gooit. Het voorbereiden en bakken gaat dus in één moeite door, tot alles perfect gaar is. Kijk op www.jamieoliver.com/how-to als je wilt zien hoe ik het in Zweden klaarmaakte.

In Zweden maken ze pytt y panna altijd af met rauwe eidooier. Dat klinkt misschien vreemd, maar als je erover nadenkt valt het best mee. Het eigeel gaart namelijk in de restwarmte van de gebakken ingrediënten.

Zet een heel wijde pan met antiaanbaklaag op matig vuur tot hij goed heet is. Hak de bacon in kleine stukjes en laat ze 2 tot 3 minuten uitbakken. Hak intussen de worst, het borststuk en de salami in blokjes en gooi ze bij de bacon in de pan. Doe hetzelfde met de uien, wortelen, aardappelen en kruiden. Blijf regelmatig met een houten lepel roeren zodat de boel niet aanbrandt en schraap daarbij ook goed over de bodem van de pan. Draai het vuur iets lager als je denkt dat het allemaal iets te hard gaat. Proef of het voldoende op smaak is: het zout van het gerookte vlees is waarschijnlijk voldoende, maar doe er als het nodig is een snufje peper, en eventueel toch een klein snufje zout bij.

Blijf tijdens het koken regelmatig roeren en doe na ongeveer 20 minuten, als de aardappelen en wortelen zacht zijn en alles er heerlijk uitziet, de ingrediënten voor de dressing bij elkaar in een potje (houd eventuele bloemetjes van de dille apart). Schenk de dressing in de pan - het zuurtje in combinatie met het rijke vlees is echt fantastisch. Scheid de dooiers heel voorzichtig van de eiwitten en zet ze even opzij. Als je wilt kun je de dooiers in de schaal laten zitten zodat ieder aan tafel zijn eigen dooiertje bij zijn eten kan gooien. Dat geeft het gerecht een extra theatraal tintje.

Verdeel de pytt y panna over de borden. Maak een kuiltje in het midden en zet daar een half eierschaaltje met een dooier in (of schep er een lepeltje eigeel in). Geef er een schaal augurkjes bij en strooi er eventueel wat fijngehakte dillebloemetjes over. De combinatie van warme stamppot, glanzend eigeel, zurige dressing en frisse kruiden maken het gerecht helemaal te gek. Gewoon doen!

JANSSON'S VERLEIDING

Voor 6-8 personen als bijgerecht

- 1 kilo aardappelen, geschild
- olijfolie
- 4 tenen knoflook
- 2 kleine uien, gepeld en in dunne ringen gesneden
- 1 blikje ansjovis (50 g), uitgelekt en fijngehakt
- 40 g boter, plus wat extra om in te vetten
- een klein bosje verse tijm, alleen de blaadjes
- geraspte schil van 1 citroen
- zeezout en zwarte peper uit de molen
- 3 dl slagroom
- 3 dl melk
- 50 g fijn broodkruim

Dit is een waanzinnig populair Zweeds gerecht dat niet alleen als nachtelijke snack, maar ook als onderdeel van een maaltijd wordt gegeten. In Zweden hebben ze echt de lekkerste ansjovis ter wereld. Ik weet niet wat het is, maar de visjes lijken daar veel zoeter te zijn en meer smaak te hebben dan de blikjes die je bij ons kunt krijgen. Als je geen groot liefhebber van ansjovis bent, is dat geen probleem. Als je de helft van de aangegeven hoeveelheid gebruikt, wordt het ook erg lekker. Je kunt het op zichzelf eten, maar persoonlijk ben ik van mening dat het een perfect bijgerecht is bij een mooi gebraad of een ander stuk vlees.

Verhit de oven tot 200 °C (gasovenstand 4). Gebruik de grove kant van een blokrasp of de julienneschijf van de keukenmachine om de aardappelen te raspen en druk er vervolgens in een vergiet zo veel mogelijk vocht uit.

Verhit een scheut olijfolie in een grote koekenpan op hoog vuur. Pel terwijl de olie staat op te warmen de tenen knoflook, snijd er 3 in dunne plakjes en doe die samen met de uiringen in de pan. Draai het vuur laag en laat ze 4 tot 5 minuten bakken tot de uien zacht maar nog niet bruin zijn. Doe er de ansjovis bij, blijf ongeveer een minuut roeren en haal de pan vervolgens van het vuur.

Druk de resterende teen knoflook plat met de zijkant van een mes, wrijf er een wijde (ongeveer 22 × 28 centimeter), ondiepe, aardewerken ovenschaal mee in en vet de schaal vervolgens in met boter. Spreid de helft van geraspte aardappel in de schaal uit, strooi er de zachte uitjes, de helft van de tijmblaadjes en de helft van de geraspte citroenschil op, en voeg een klein snufje zout en naar smaak zwarte peper toe. Dek het geheel af met de rest van de geraspte aardappel, strijk het oppervlak glad en schenk er de slagroom en de melk over.

Hussel het broodkruim met de rest van de tijmblaadjes en de rest van de citroenschil, en met een snufje zout en peper in een kom door elkaar en strooi het mengsel over de aardappel. Leg er een paar kleine klontjes boter op en zet de schaal 45 minuten boven een andere schaal - om eventuele spetters op te vangen - in de hete oven, tot er een goudbruin en heerlijk krokant korstje op zit. Zet de schaal op tafel en serveer het gerecht gloeiendheet bij een mooi stuk gebraden vlees of vis met een eenvoudig gekookte groente of een heerlijk frisse salade.

Mijn allerliefste Anna is een echt energiebommetje. Ik heb haar twaalf jaar geleden leren kennen toen ze een Zweeds kraampje runde op de London Borough Market, en ze is sindsdien een waardig ambassadeur van de Zweedse keuken gebleven. Logisch dus dat ik het heel leuk vond om haar eens op haar eigen terrein te ontmoeten. We hebben samen een heerlijke dag beleefd met het zoeken naar wilde paddenstoelen en bessen op het privé-eiland van haar broer. Wat kan een mens zich nog meer wensen?

ROMIGE PADDENSTOELEN

Voor 4 personen

- een klein boerenbrood, voor erbij
- 350 g cantharellen
- een klein bosje verse krulpeterselie
- 30 g boter
- olijfolie
- ½ rode ui, gepeld en in dunne ringen gesneden
- zeezout en zwarte peper uit de molen
- 1½ dl koffieroom
- 1 citroen

Dit is een heerlijke kleine snack of een lekker voorafje, en je kunt bijna elk soort eetbare paddenstoel gebruiken. Ik heb gemerkt dat mensen wereldwijd geneigd zijn om wilde paddenstoelen alleen heel naturel te bereiden met een klontje boter, een scheutje olie, wat knoflook, wat kruiden en een snufje zout en peper. Nou kan ik op zich weinig tegen die methode inbrengen - het geeft een fantastisch resultaat - maar het leuke aan dit recept is dat het natuurlijke sap van de paddenstoelen zich met de boter vermengt en de saus een romige indruk geeft, terwijl hij eigenlijk helemaal niet romig ís. Volgens mij kun je ze het best in de pan serveren, met een paar stukjes knapperig brood, maar ze zijn ook heel geschikt als laagje in een lasagne, bij een steak, door pasta of met reepjes biefstuk en rijst als een soort stroganoffsaus. Echt een weergaloze traktatie!

Verhit de oven op de laagste stand en warm het brood op. Trek een paar minuten uit om de onderkant van de paddenstoelen goed schoon te borstelen zodat je er zeker van te bent dat er geen zand en beestjes meer in zitten. Dat is de moeite absoluut waard. Hak de peterselie met steeltjes en al fijn, maar houd een paar blaadjes apart.

Doe de boter in een grote, hete pan en doe er zodra hij begint te smelten een scheutje olijfolie, de paddenstoelen, de gesneden ui en een flinke snuf zout en peper bij. Roer alles goed door elkaar. Laat de pan ongeveer 8 minuten op het vuur staan tot de uien zacht zijn en de paddenstoelen beginnen te karamelliseren en kleur krijgen.

Doe er de gehakte peterselie en de koffieroom bij. Blijf roeren, laat alles een minuut op het vuur staan tot de room aan de kook is, draai het vuur laag en laat het nog een minuut zachtjes pruttelen voordat je de pan van het vuur haalt. Doe er een flinke kneep citroensap bij, proef en breng de saus met zout en peper en eventueel nog meer citroensap op smaak. Haal het brood uit de oven en trek het in grove stukken. Verdeel de paddenstoelen over de borden en strooi er de apart gehouden blaadjes peterselie over. Serveer de stukken brood erbij om de heerlijke saus mee op te deppen. Eet smakelijk!

Hoewel het seizoen voor rivierkreeft in Zweden van korte duur is, maken de mensen er wel wat van. In augustus worden overal rivierkreeftfeesten of 'kräftskiva' georganiseerd. Zoals bij de meeste dingen die Zweden leuk vinden, gaan de feesten gepaard met veel drank, gezang en – vanzelfsprekend – een hele hoop rivierkreeft.

SKAGEN (GARNALEN OP TOAST)

Voor 4 personen

- 500 g gekookte, gepelde garnalen
- ½ rode ui, gepeld en heel fijn gehakt
- ½ bosje verse dille, heel fijn gehakt
- 3 eetlepels extra vierge olijfolie
- geraspte schil en sap van ½ citroen
- 4 eetlepels zure room
- zeezout en zwarte peper uit de molen
- een brioche of zacht wit brood
- 20 g boter, in blokjes gesneden
- desgewenst viseitjes, voor erbij

Dit gerecht is in veel opzichten het Zweedse equivalent van onze aloude garnalencocktail. Hoe lekker ik het ook vind, de combinatie van mayonaise en ketchup is niet bepaald een culinair hoogstandje. In dit geval zitten er echter flink wat citroen en dille door de saus, waardoor hij een pure, zurige en levendige smaak krijgt - alsof we iets anders van de Zweden hadden mogen verwachten. Het kost nauwelijks moeite, en als je een flinke lepel van deze aangemaakte garnalen op een geroosterd sneetje zuurdesembrood of brioche schept, heb je een heerlijke lichte lunch of een prachtig voorgerechtje.

Doe de garnalen in een kom met de fijngehakte ui, bijna alle dille, de extra vierge olijfolie, de geraspte schil en het sap van de citroen en de zure room. Doe er een paar snufjes zout en peper bij en hussel alles goed door elkaar. Proef een hapje om te controleren of het goed op smaak is en voeg eventueel nog wat peper, zout of citroensap toe.

Zet een grote koekenpan op hoog vuur. Snijd 4 dikke plakken brioche of brood af, leg ze in de hete pan en strooi er de kleine blokjes boter omheen zodat ze het vet kunnen absorberen. Draai het vuur wat lager en bak de broodjes aan beide kanten goudbruin. Leg een sneetje op elk van de bordjes en schep er een flinke berg garnalen op. Als je een potje viseitjes in huis hebt, is een lepeltje daarvan ook erg lekker. Strooi er de apart gehouden dille over en zet de bordjes meteen op tafel.

In Scandinavische landen kun je heel gezond snacken in de vorm van een smörgåsbordbuffet ('smörgås' betekent 'open sandwich' en 'bord' betekent 'tafel'). Bij sommige supermarkten of Zweedse winkels zijn van die grote crackers verkrijgbaar, maar je kunt iets soortgelijks doen door normaal knäckebröd met allerlei verse en contrasterende smaken en structuren te beleggen. Heerlijke combinaties zijn onder

andere: komkommer met mierikswortel, gerookte vis, zalmeitjes en bieslook; gravad lax met ingelegde komkommer; garnalen met een half kwarteleitje en een schepje kabeljauwkuit; witlof met zure haring, zure room en dille; milde kaas met augurk en een lepeltje vossenbessenjam; milde kaas met rode rosbief en mosterd; gerookte ham met radijs; ham met kerstomaatjes en bieslook... De mogelijkheden zijn eindeloos!

Dit reisje heeft mijn waardering en bewondering voor de Zweden enorm versterkt. Het feit dat ze optimaal van het leven genieten en tegelijk een beetje vreemd zijn, maakt het wat mij betreft tot een van de fijnste landen ter wereld.

SEXY ZWEEDSE BROODJES

Voor 8 broodjes

Voor het deeg

- 1 pakje van 7 g gist
- 3¾ dl warme melk
- 1 volle theelepel gemalen kardemom (of ongeveer 20 kardemompitten)
- 2 grote eieren, liefst vrije uitloop of biologisch
- een snufje zout
- 200 g fijne tafelsuiker
- 50 g gesmolten boter
- 800 g bloem, plus wat extra om te bestuiven
- 15 g ongezouten boter
- 75 g rietsuiker

Voor de vulling

- 75 g fijne tafelsuiker
- 400 g blauwe bosbessen
- 1 sinaasappel

Heel vaak, en meestal op momenten dat je het eigenlijk het minst verwacht, duiken in Zweedse gerechten de meest verrassende ingrediënten op. Kardemom is een soort smaak die je in de Indiase keuken zou verwachten, maar in Zweden zijn ze er ook dol op. Zweden verrijken brood en broodjes vaak met eieren en boter, zodat je een soort briocheachtig product krijgt. Het zuurtje van de bessen contrasteert heel mooi met de zoete smaak van het brood, en afgezien daarvan ziet het er ook fantastisch uit. Kijk voor hoe je ze moet maken op www.jamieoliver.com/how-to.

Roer de gist en de warme melk in een kom door elkaar en zet ze zolang opzij. Stamp de kardemompitten in een vijzel stuk, vis er de hulsjes van de pitten uit en stamp de zaadjes tot een fijn poeder. Sla de eieren met een snufje zout los in een grote kom en doe er het kardemompoeder, de suiker, de gesmolten boter, 500 gram van de bloem en de melk met gist bij. Blijf voortdurend kloppen tot het een vrij dikke, kleverige consistentie heeft. Meng er de resterende 300 gram bloem door, bestuif je handen met bloem en kneed er een gladde bal van. Dek de kom af met keukenfolie en laat het deeg 1 uur op een warme plek rijzen, of tot het volume verdubbeld is en het vol luchtbelletjes zit.

Doe intussen de suiker en de blauwe bosbessen in een kom. Rasp de schil van de sinaasappel, doe het grootste deel bij de bessen in de kom, pers er een scheutje sap bij en prak alles met een pureestamper door elkaar. Bekleed een grote braadslede met bakpapier, leg er wat klontjes boter in en bestrooi het papier met de helft van de rietsuiker.

Bestuif een schoon werkvlak en je handen met bloem en rek de bal gerezen deeg met je handen uit tot hij iets groter is dan een A4'tje. Nu volgt een vrij vies klusje, dus zet alvast een kom bloem klaar om het deeg handelbaar te houden en maak je geen zorgen als het erg nat lijkt. Schep met een schuimspaan de helft van de geprakte bosbessen op het deeg en probeer daarbij zo min mogelijk sap mee te nemen. Spreid de bessen met de achterkant van een lepel over het deeg uit. Vouw de randen van het deeg naar het midden als een soort envelop en blijf het deeg draaien en aandrukken.

Snijd het deeg in 8 gelijke porties, kneed en rek ze tot lange, dunne worsten en draai ze een paar keer om hun as zodat je een soort slordige knopen krijgt. Leg ze op enige afstand van elkaar op de bakplaat zodat ze tijdens het bakken nog een beetje ruimte hebben om uit te vloeien. Maak met je vingers een klein kuiltje in de bovenkant, schep er een paar besjes in en druk ze zachtjes aan. Besprenkel de broodjes met wat sap uit de kom en strooi er de rest van de rietsuiker en geraspte sinaasappelschil op. Dek de bakplaat af met een vochtige theedoek en laat de broodjes ongeveer 20 minuten op een warme plek rijzen.

Verhit de oven tot 180 °C (gasovenstand 3). Zet de gerezen broodjes 25 minuten in de hete oven tot ze goudbruin en krokant zijn, en serveer ze lekker warm. Eet ze zo of met warme custard.

SUPERSNELLE BESSENTAART

Voor 12 personen

- 3 eetlepels vanillesuiker
- schil van 1 sinaasappel
- 4 dl slagroom
- 600 g gemengde vruchtjes, zoals bramen, loganbessen, blauwe bosbessen, rode en witte aalbessen en kruisbessen
- 4 meringuekransjes, in grove stukjes gebroken
- poedersuiker, om te bestuiven

Voor de deegbodem

- 250 g bloem, plus wat extra om te bestuiven
- 50 g poedersuiker
- 125 g ongezouten boter van goede kwaliteit, in kleine blokjes gesneden
- 1 groot ei, liefst vrije uitloop of biologisch
- een scheutje melk
- olijfolie, om de vorm mee in te vetten

in feite weinig meer dan een doodeenvoudige, maar overheerlijke combinatie van bessentaart met Eton mess. Het is echt amper te geloven hoe snel hij klaar is.

Als je het als nagerecht bij een diner maakt en alvast wat voorbereidingen wilt treffen, kun je de deegbodem een paar uur van tevoren bakken. Het slagroommengsel kun je ook alvast door elkaar kloppen en afgedekt in de koelkast klaarzetten. Doe er pas vlak voor het serveren de vruchtjes en meringues bij. Op die manier zijn de meringues nog lekker krokant en zorgen ze voor een spannend contrast met de zachte room en de natte besjes.

Je kunt het mengsel voor de bodem met de hand of in een keukenmachine maken. Zeef vanaf enige hoogte de bloem en poedersuiker in een grote mengkom. Werk de klontjes boter met je vingers door het poeder tot het de structuur van grof broodkruim heeft. Doe er het ei en de melk bij en kneed alles door elkaar tot je een mooie gladde bal hebt. Kneed vooral niet te lang door, anders wordt het deeg elastisch en taai in plaats van kruimelig en krokant.

Stuif wat bloem op het deeg en op een schoon werkvlak en druk de bal uit tot een grote ronde schijf. Stuif er opnieuw wat bloem op, wikkel het deeg in keukenfolie en laat het ongeveer 30 minuten in de koelkast rusten. Vet een springvorm met antiaanbaklaag van ongeveer 25 centimeter in met een beetje olie. Bestuif een schoon werkvlak en een deegroller met bloem en rol het deeg voorzichtig uit tot je een cirkel van ongeveer een halve centimeter dik hebt. Drapeer het deeg over de deegroller en rol het boven de ingevette vorm af. Druk het ook goed in de randjes. Snijd overhangende randjes af en gebruik ze om eventuele gaatjes op te vullen. Prik met een vork over het hele oppervlak gaatjes in de bodem, dek af met keukenfolie, en zet hem 30 minuten in de vriezer. Verhit de oven tot 180 °C (gasovenstand 3).

Knip een groot stuk bakpapier uit, strijk het vlak, leg het in de deegbodem en druk het goed in de rand. Vul de vorm tot de rand met ongekookte rijst en bak hem 10 minuten blind in de hete oven. Haal hem eruit, haal er voorzichtig de rijst (bewaar die voor een volgende keer) en het bakpapier uit en zet de bodem nog 10 minuten terug in de oven tot hij stevig en krokant is. Laat hem volledig afkoelen.

Klop in een kom 2 eetlepels vanillesuiker en het grootste deel van de geraspte sinaasappelschil door de slagroom tot er zachte pieken op blijven staan. Doe de helft van de vruchtjes in een andere kom en prak er met een vork de rest van de vanillesuiker door. Spatel de geprakte vruchtjes en de stukjes meringue door de slagroom. Schep het mengsel in de afgekoelde taartbodem en schud hem een beetje om de vulling tot in de rand uit te laten vloeien. Strijk het oppervlak met een spatel of de achterkant van een lepel glad en verdeel er de rest van de vruchtjes over. Bestrooi de taart met de rest van de geraspte sinaasappelschil, stuif er wat poedersuiker op en zet hem meteen op tafel.

LAKRITS-
ROT

ERIK DEN RÖDE

GEDROOGDE VLEESWAREN Dankzij de lange winters zijn **gedroogde en verduurzaamde vleeswaren** enorm populair. Rendier en eland zijn favoriet.

RIVIERKREEFT Ze hebben wel wat weg van zeekreeft. Ze worden in gezouten water met dillebloemetjes gekookt, en met boter geserveerd.

MOSTERD EN DILLE **Dille** is verreweg het populairste kruid van Zweden. Het wordt vooral als garnering gebruikt, maar ook om ingemaakte vis zoals haring en gravad lax mee te kruiden. Zweedse **mosterd** is wat zoeter en minder heet dan Franse en Engelse, en wordt meestal geserveerd als sausje bij gedroogde vleeswaren en kaas.

BESSEN Zweden kent veel zalige wilde **bessen**. Ze worden verwerkt in jam, gelei, siroop en sauzen, maar ook geserveerd bij gedroogde vleeswaren.

INGEMAAKTE HARING Baltische **haring** wordt met tal van kruiden en specerijen ingemaakt, en vaak met knäckebröd en zure room geserveerd.

SNAPS (ZWEEDSE SCHNAPS) Deze sterkedranken, zoals aquavit, worden vaak gekruid met de zogenaamde 'paradijsgranen': karwij, venkel en anijs.

CRACKERS Worden meestal van roggemeel en water gemaakt en zijn er in allerlei soorten en maten. Heerlijk met kaas, gravad lax of zure haring.

SPECERIJEN **Specerijen** zoals anijszaad, pimentbes, kardemom, kaneel, venkelzaad en karwij zijn erg populair in Zweden. Ze worden gebruikt om uiteenlopende dingen mee te kruiden, van ingemaakte haring tot prachtige broden en likeuren.

KAAS Zweden produceert veel goede, milde **kazen** van koemelk. Västerbotten en Grevé zijn de bekendste en worden meestal met crackers geserveerd.

ZALM **Zalm** is een van de populairste vissoorten van Zweden en wordt onder andere gebruikt voor de wereldberoemde gravad lax (zie blz. 138).

MAROKKO

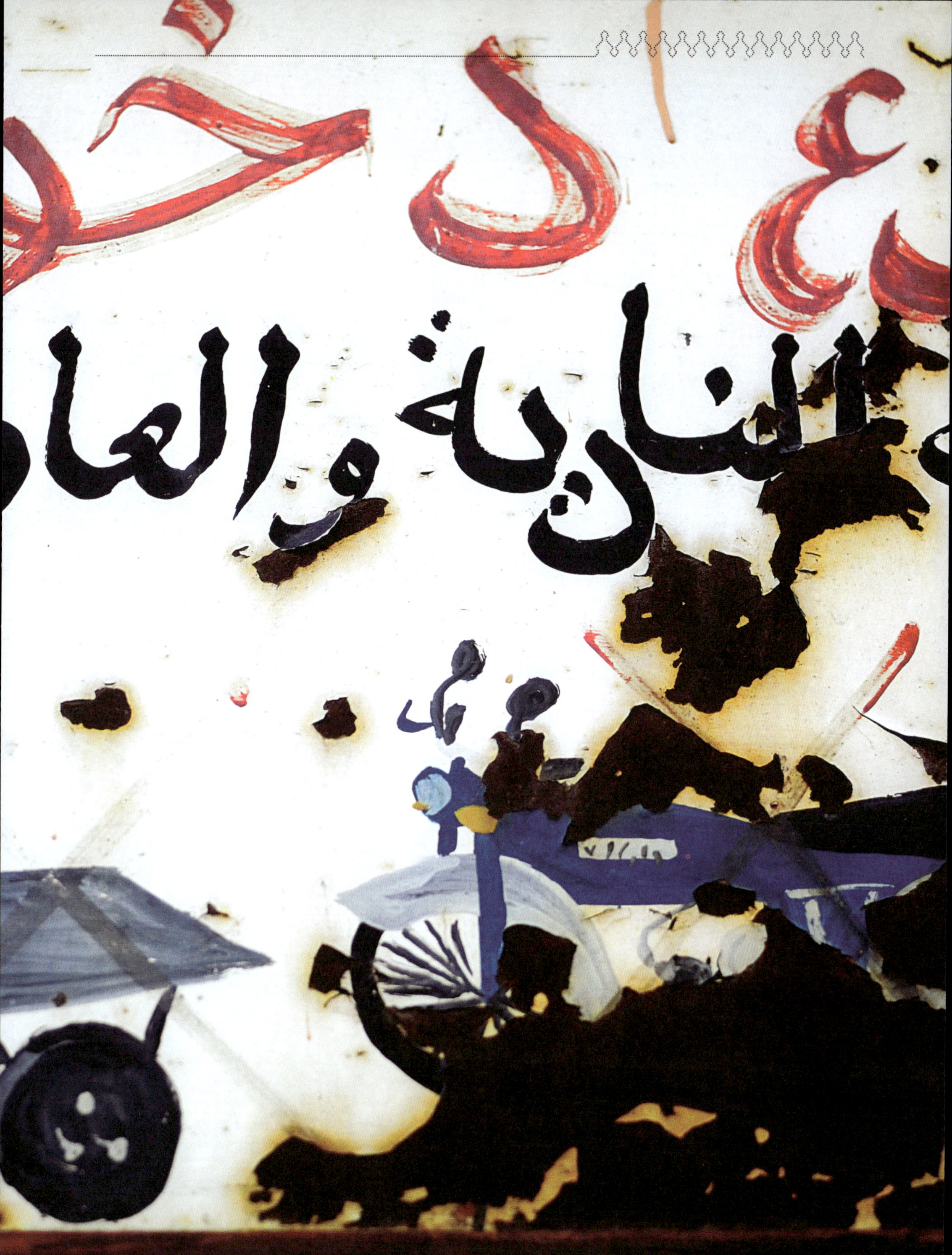

NIKE
PEUGEOT

MAROKKO

Marrakesh... wat een stad! De paar dagen die ik er doorbracht waren een bijna voortdurend feest voor de zintuigen: de geuren, de warmte, de kleuren, de geluiden... zoiets had ik nog nooit meegemaakt.

De eerste paar uur was ik een beetje overdonderd. Hoewel ik al de nodige ervaring had opgedaan op de andere plekken die ik voor dit boek had bezocht, bleken die andere landen allemaal nog behoorlijk wat overeenkomsten met mijn eigen land te vertonen, waardoor ik me nooit echt uit mijn element voelde. Wat dit reisje zo speciaal en echt avontuurlijk maakte, was dat alles hier compleet anders was. In de medina, oftewel de oude stad, ging een wereld voor me open. Als je de mobiele telefoons en satellietschotels wegdenkt, waan je je er zomaar tweehonderd jaar terug in de tijd. De kronkelende steegjes, de straatverkopers en de drukke markten met felgekleurde specerijen zijn allemaal even spannend, maar wat me het meest aansprak was de menselijke maat. Alles gaat nog ouderwets met de hand en ratelende kassa's en computers hebben hier nog nauwelijks hun intrede gedaan. Mannen staan in hun werkplaatsen tinnen pannen uit te kloppen, vrouwen weven prachtige kleden en in de bakkerijen zijn ze druk in de weer met de heerlijkste broden en andere prachtige deegwaren.

Elk buurtje lijkt zijn eigen geur te hebben. Een van de geweldigste dingen vond ik het grootschalige gebruik van gemeenschappelijke ovens. De vuurplaats is nog altijd het middelpunt van de Marokkaanse keuken, en in veel gevallen wordt die met de hele buurt gedeeld. Zo zag ik kinderen die op weg naar school met het brooddeeg van hun moeder langs de gemeenschappelijke bakkerij gingen om het een paar uur later weer op te halen, en mannen die grote ovens opstookten waar mensen op weg naar hun werk grote kleien stoofpotten – tangias genaamd – met allerhande rauwe ingrediënten af kwamen leveren. De potten worden de hele dag rond het houtskoolvuur gezet, zodat ze tegen de tijd dat ze weer worden opgehaald de meest verrukkelijke, smeuïge stoofschotels bevatten – spotgoedkoop maar overheerlijk. Dat is toch heel wat anders dan onze nogal sneue afhaalmaaltijden! Omdat ik de eenvoud van de methode echt fantastisch vind, heb ik in dit hoofdstuk ook een tangiarecept opgenomen.

Religie neemt in Marrakesh een zeer voorname plek in. Er is geen ontkomen aan het veelvuldige gezang en de oproep tot gebed vanuit de moskee, zodat je voortdurend wordt geconfronteerd met het belang van het geloof in het dagelijks leven. Marrakesh voelt aan als een veilige, vrolijke plaats en daarom is de stad ook al sinds de jaren twintig van de vorige eeuw enorm populair bij toeristen. Tegenwoordig zijn er meer dan voldoende riads en boetiekhotels, maar je bent zeker niet op chique hotels aangewezen om er een leuke tijd te hebben. Er zijn ook veel luxe restaurants, maar je kunt net zo lekker – zo niet lekkerder – op straat terecht. Geloof me: voor een lekkere hap hoef je echt niet naar binnen.

Als je het prachtige Atlasgebergte achter je laat en de steden en dorpjes binnenrijdt, zie je echt overal markten of soeks, zoals de lokale bevolking ze noemt. Deze soeks vormen nog altijd het onbetwiste centrum van de Marokkaanse samenleving. Zoals voor de meeste toeristen in Marrakesh was de markt op het centrale plein, Djemaa el Fna, ook mijn eerste doel. Ik had gehoord dat het de drukste markt van Afrika is en dat wil ik wel geloven. Ik verwachtte zoiets als Leicester Square of Piccadilly Circus in Londen: zo'n locatie waar je een buitenlandse vriend niet snel heen zou sturen omdat het weinig met het echte Londen te maken heeft. Maar niets bleek minder waar. Ondanks het feit dat het volledig op toeristen is ingesteld, voelt het nog altijd heel authentiek aan.

'

's Avonds transformeren de eetstalletjes het plein in een gigantisch openluchtrestaurant, met stoom, rook, bedelaars en straatmuzikanten, zover als je kunt kijken. En het leukste is dat de gerechten in geen enkel opzicht aan de westerse smaak worden aangepast. Er is uitsluitend hardcore Marokkaans voedsel verkrijgbaar, en dat is zo ontzettend lekker! Hoewel er over de hele wereld kruiden en specerijen worden gebruikt, lijkt het wel alsof ze in Marakkesh allemaal voorhanden zijn, en ze bovendien ook dagelijks gebruikt worden. Je bent hier zomaar een paar uur zoet met rondkijken en her en der een kebabje, een glaasje versgeperst sinaasappelsap, een portie kleine slakjes of een zalige sandwich met kalfstong proeven. Het aantal stalletjes en hapjes is echt ontelbaar – dit is precies hoe de hemel er in mijn ogen uitziet, en ik raad iedereen aan er volop van te genieten.

Omdat het klimaat het grootste deel van het jaar aangenaam is, hebben de verkopers uitstekend materiaal om mee te werken. Zo was ik bijvoorbeeld op een markt waar de uitgestalde groentes en vruchten tot de beste behoorden die ik ooit gezien heb, hoewel het assortiment vrij beperkt was. De kleine restaurantjes rondom de markt werden overwegend bevolkt door de marktkooplui en werkten mede daardoor uitsluitend met de meest verse producten. Ik at er eenvoudige, maar verrukkelijke gerechten, zoals gelespliterwtensoep, warme platte broden en gevulde sandwiches met vlees, waarvan ik er een aantal in dit hoofdstuk heb opgenomen.

Net als in de meeste andere landen zijn het in Marokko overwegend de vrouwen die in de keuken de dienst uitmaken. Zij beheren de oude familierecepten en ik had de mazzel uitgenodigd te worden om bij een lokale familie aan te schuiven voor de lunch. Wat vooral zo leuk is, is dat het koken niet als een last beschouwd wordt. Integendeel zelfs. De vrouwen die ik ontmoette, zagen het juist als een machtsmiddel, en als een manier om hun familie liefde te geven. Het gaf mijn herinneringen aan dit magnifieke land nog meer diepgang en zorgde ervoor dat ik de verschillende recepten veel beter begreep. Het was een van de boeiendste culinaire ervaringen die ik ooit heb meegemaakt – en ik kan niet wachten tot ik terug kan gaan.

7 N°

ARGANA

GEGRILDE SARDINES

Voor 4 personen

- 8 verse sardines, zonder graatjes en schubben
- 2 theelepels venkelzaad
- ½ theelepel gemberpoeder
- ½ theelepel komijnpoeder
- zeezout en zwarte peper uit de molen
- geraspte schil van ½ citroen
- een paar takjes verse bladpeterselie, fijngehakt (met steeltjes en al)
- extra vierge olijfolie
- 4 Arabische platte broodjes of pitabroodjes

Voor de salade

- een flinke hand gemengde olijven, zonder pit, grof gehakt
- ½ ingemaakte citroen, zonder pulp, schil grof gehakt
- ½ komkommer, geschaafd of met een dunschiller in dunne reepjes gesneden
- een hand radijzen, schoongemaakt en geschaafd of met een dunschiller in dunne plakjes gesneden
- 1 kleine venkelknol, geschaafd of met een dunschiller in dunne plakjes gesneden, de groene topjes apart gehouden
- 1 kleine groene paprika, zonder zaadjes en in blokjes gesneden
- sap van 1 citroen

Sardines kom je in dit deel van de wereld heel veel tegen en er zijn bijna geen restaurants die ze niet in een of andere vorm op de kaart hebben staan. De meest gangbare manier om ze te eten is gegrild of van de barbecue, of in de pan gebakken en dan op een broodje gelegd. Als knipoog naar het Franse verleden van Marokko leg ik de visjes in dit geval voor het grillen even in een heerlijke marinade. Ik vind dat de smaken elkaar perfect aanvullen, en in combinatie met een frisse salade en een plat broodje heb je echt een prachtig voorgerecht.

Als je de visjes zelf moet 'vlinderen', moet je ze eerst goed onder de koude kraan afspoelen en dan het sneetje waardoor de ingewanden eruit gehaald zijn tot de staart toe doortrekken. Leg ze met het vel naar boven op een plank en druk de ruggengraat plat. Als je ze nu omdraait, kun je als het goed is de graat heel gemakkelijk in één keer lostrekken en bij de staart afsnijden.

Stamp in een vijzel de venkelzaadjes, het gemberpoeder, het komijnpoeder, een flinke snuf zout en peper, de geraspte citroenschil en de peterselie door elkaar. Schenk er een flinke scheut olijfolie bij om er een pasta van te maken en wrijf de sardines met dit mengsel in.

Zet een grillpan op hoog vuur. Leg de sardines er op het vel in als de pan goed heet is, bak ze 2 minuten, keer ze om, bak de andere kant 1 minuut en sprenkel er het sap van de geraspte citroen over.

Warm terwijl de visjes liggen te bakken de broodjes ongeveer 30 seconden op in een droge koekenpan. Hussel alle ingrediënten voor de salade behalve het citroensap door elkaar en maak aan met een royale scheut extra vierge olijfolie en een snufje peper. Voeg naar smaak een flinke kneep citroensap toe en proef of de salade goed op smaak is. De ingemaakte citroen zou voldoende zout moeten zijn, maar als het nodig is kun je er extra een snufje zout bij doen.

Sprenkel voor het serveren het sap uit de pan over de sardines en schep er een hoopje van de heerlijke salade naast. Strooi er de apart gehouden venkeltopjes over en geef er een broodje bij om het sap mee op te deppen.

MET GARNALEN GEVULDE VIS MET VERMICELLI

Voor 2 personen

- 100 g vermicelli
- 2 courgettes
- 2 tomaten, grof gehakt
- een klein bosje verse koriander, grof gehakt
- 1 kleine, ingemaakte citroen uit een pot (of ½ zelf ingemaakte citroen - zie blz. 216), fijngehakt
- een snufje komijnpoeder, plus een klein beetje extra
- 1 theelepel zoet paprikapoeder, plus een beetje extra
- 1 theelepel gemberpoeder, plus een beetje extra
- 2 theelepels harissa
- zeezout en zwarte peper uit de molen
- 2 dorades of andere grote vissen zoals zeebaars of snapper van 300 g elk, geschubd, zonder vinnen, van ingewanden ontdaan en schoongemaakt
- olijfolie
- een flinke hand kleine, rauwe, gepelde garnalen

Dit is mijn versie van een zalig gerecht dat ik een vrouw in een restaurant in Marrakesh zag klaarmaken. Het is indrukwekkend, erg lekker en perfect geschikt voor een feestelijk diner. Je kunt er bijna elk soort vis voor gebruiken, zolang hij maar een grote buikholte heeft, goed vers is en - niet in de laatste plaats - het er de tijd voor is. In Marokko gebruikte ik één grote vis, maar omdat je niet altijd aan zo'n grote jongen kunt komen, gebruik ik in dit recept twee kleintjes. Als je aan een mooie grote vis zoals zeebaars, snapper of barramundi kunt komen, is dit echt een weergaloos recept. Verlaag de temperatuur van de oven tot 180 °C (gasovenstand 3) en bak de vis tot hij heerlijk gaar is en het vlees in vlokken van de graat loskomt.

Verhit de oven tot 200 °C (gasovenstand 4). Breng een pan gezouten water aan de kook, doe er de vermicelli bij en kook hem iets korter dan aangegeven op de verpakking. De sliertjes moeten nog een beetje al dente zijn. Spoel ze als ze klaar zijn onder de koude kraan af, doe ze in een grote kom en rasp er de courgette bij. Doe er gehakte tomaten, koriander, ingemaakte citroen, komijnpoeder, paprikapoeder, gemberpoeder en 1 theelepel harissa bij. Hussel alles met schone handen door elkaar, proef een hapje, voeg naar smaak eventueel een snufje zout en peper toe en zet het mengsel zolang opzij.

Leg de vissen op een grote plank en snijd het vel aan beide kanten om de 2 centimeter schuin in met een vlijmscherp mes. Strooi er een beetje zout, een klein snufje komijnpoeder en een snufje zoet paprikapoeder en gemberpoeder op. Maak de resterende theelepel harissa aan met 1 theelepel olijfolie en wrijf de helft van het mengsel op de vis en in de sneetjes. Keer de vissen om en doe hetzelfde aan de andere kant.

Schep ongeveer twee derde deel van het vermicellimengsel in een grote braadslede of aardewerken ovenschaal als bedje voor de vis, en leg de vissen er voorzichtig op. Roer de garnalen door de rest van de vermicellivulling, schep het mengsel in de buikholte van de vis en druk het een beetje aan - maak je geen zorgen als het er een beetje uitkomt. Sprenkel er een scheutje olijfolie over en zet de vis ongeveer 25 minuten in de hete oven tot het velletje lekker krokant is en het vlees goed gaar.

Trek voor het serveren het vlees los en haal de graat eruit. Schep er een flinke lepel van het vermicellimengsel naast en serveer er een lekker knapperige, groene salade bij.

PS Als je een restje vermicelli over hebt, kun je daar de volgende dag een heerlijke koude salade van maken.

Als je in Marokko bent (of in welk land ook) en je hebt interesse in eten en vindt het niet erg om voor dag en dauw uit je nest te komen, dan raad ik je aan om uit te zoeken waar de groothandelsmarkten worden gehouden en daar eens een kijkje te nemen. Je ontdekt er vaak fantastische restaurants, ziet de meest waanzinnige producten en je komt er nog eens iemand tegen. In een paar uur op de markt leer je een land echt kennen – het is de schrik van de vroege wekker absoluut waard.

BRIOUATS MET RATATOUILLE

Voor 4 personen

- 2 rijpe tomaten, gehalveerd
- 2 courgettes, in de lengte gehalveerd en in plakjes gesneden
- 1 ui, gepeld en in 8 partjes gesneden
- 1 rode paprika, zonder zaadjes, grof gehakt
- 1 aubergine, in de lengte gehalveerd en in plakjes gesneden
- 2 tenen knoflook, gepeld en geperst
- olijfolie
- zeezout en zwarte peper uit de molen
- 2 theelepels ras el hanout (zie blz. 226)
- 2 citroenen
- 8 vellen filodeeg (of 4 vellen warkhadeeg)
- olijfolie
- 150 g Griekse yoghurt
- 1 eetlepel extra vierge olijfolie
- 2 theelepels harissa
- een paar takjes verse bladpeterselie

Briouats zijn deegpakketjes met tal van heerlijke vullingen die uit de hand worden gegeten. Ze worden in kraampjes op straat verkocht en worden gemaakt van een heerlijk deeg - warkha - waar je overal in Marrakesh handige jongens mee in de weer ziet. Goede supermarkten en Arabische winkels hebben soms warkha in hun assortiment. Hoewel het iets steviger is, lijkt warkha qua uiterlijk en gedrag wel wat op filodeeg, en omdat het veel makkelijker verkrijgbaar is, gebruik ik in dit geval het bij ons beter bekende spul. Als je op een filmpje wilt zien hoe deze zalige briouats worden gemaakt, kun je terecht op www.jamieoliver.com/how-to.

Briouats heb je met eindeloos veel verschillende vullingen, van zoet tot hartig. Ik heb hier voor een vegetarische versie gekozen, omdat ik het contrast tussen de zachte, gekookte groentes en het heerlijk krokante, goudbruine deeg echt verrukkelijk vind.

Verhit de oven tot 170 °C (gasovenstand 2-3). Strooi de gesneden groentes en geperste knoflook in een braadslede. Sprenkel er een paar scheuten olijfolie over en breng het mengsel met een flinke snuf zout en peper op smaak. Strooi er de ras el hanout op en hussel alles goed door elkaar. Zet het groentemengsel 45 minuten in de hete oven, hussel het halverwege nogmaals goed door elkaar en wacht tot het mooi goudbruin begint te worden. Haal de braadslede uit de oven, laat de groentes afkoelen, hak ze in kleine stukjes en doe ze in een grote kom. Pers er het sap van één citroen over en hussel de stukjes nog een keer goed door elkaar. Proef of het mengsel goed op smaak is en zet het even opzij.

Leg 2 vellen filodeeg op elkaar. Verdeel de vulling in vier porties en schep een portie zodanig in een streep langs de lange zijde van een vel deeg, dat er aan beide uiteinden een klein stukje deeg vrij blijft. Rol het vel deeg en de vulling op tot een lange sigaar. Vouw de uiteinden halverwege naar binnen en rol de sigaar strak dicht. Herhaal dit met de rest van het deeg en de vulling.

Giet een laag van ongeveer ½ cm olijfolie in een grote koekenpan en zet hem op matig vuur. Leg na ongeveer 5 minuten, als de olie goed heet is, met een schuimspaan heel voorzichtig de briouats in het hete vet en bak ze 4-5 minuten terwijl je ze regelmatig omdraait, tot ze rondom goudbruin zijn.

Klop intussen de yoghurt en de extra vierge olijfolie in een kommetje door elkaar, en roer er de harissa en een snufje peper door.

Schep de gebakken briouats voorzichtig met een schuimspaan op een stuk keukenpapier en laat ze even uitlekken. Hak de takjes peterselie fijn, strooi ze samen met een snufje zout en peper vlak voor het serveren over de briouats en geef er een kommetje yoghurt-harissadip bij. Heerlijk met een knapperige groene salade en een partje citroen om uit te knijpen.

De Djemaa el Fna-markt was echt fantastisch, en markten als deze zijn er in Marrakesh nog veel meer. Om klokslag vijf uur kruipen de verkopers uit hun marktkraampjes en beginnen hun eettentjes op te bouwen. Het eten is waanzinnig lekker en spotgoedkoop, en de sfeer is fantastisch. Een briljante manier om de avond door te brengen.

KEFTA (GENIALE GEHAKTBALLETJES)

Voor 4 personen

- 1 kleine rode ui, gepeld en in dunne ringen gesneden
- 2 handen kerstomaatjes, gehalveerd
- sap van ½ citroen
- extra vierge olijfolie
- zeezout en zwarte peper uit de molen
- olijfolie
- 4 Arabische platte broden of pitabroden
- Griekse yoghurt, voor erbij
- harissa, voor erbij
- 4 handen gemengde groene sla

Voor de kefta

- 500 g rundergehakt
- 1 kleine rode ui, gepeld en geraspt
- 1 theelepel komijnpoeder
- 1 theelepel korianderpoeder
- 1 theelepel paprikapoeder
- een stuk verse gemberwortel ter grootte van ½ duim, geschild en geraspt
- een klein bosje verse koriander, fijngehakt

Zulke gekruide gehaktballetjes zijn overal in Marrakesh bij kraampjes op straat te koop. Het laat weer goed zien waar het bij Marokkaans straat-eten om gaat. Begin met eenvoudig gehakt - ik gebruik rund, maar lam is ook heerlijk en eigenlijk wel zo authentiek - en geef het een persoonlijk tintje met een eigen kruiden- en specerijenmengsel; rol er balletjes van en braad ze rondom bruin. Serveer er groene sla met een frisse citroendressing, fijngesneden uitjes en een pittige chilisaus bij. Of je er nou mee luncht of ze als avondeten serveert, je zit altijd goed. Een berg bloedhete balletjes en een mand pitabroodjes om ze in te stoppen valt bij iedereen in de smaak.

Als je een barbecue gebruikt, moet je die ruim van tevoren aansteken om hem goed heet te laten worden. Doe de ingrediënten voor de kefta met een flinke snuf zout en peper in een grote kom. Wrijf en werk het vleesmengsel met schone handen door elkaar, verdeel het in vier gelijke porties en elk portie vervolgens in 5 balletjes. Leg ze op een plaat, dek ze af met keukenfolie en zet ze minstens 30 minuten in de koelkast.

Als je een grillpan of koekenpan met antiaanbaklaag gebruikt, zet je die op het moment dat je de kefta uit de koelkast haalt alvast op matig vuur. Doe de dunne uiringen en de gehalveerde kerstomaatjes in een kleine kom. Doe er het citroensap en twee keer zo veel extra vierge olijfolie bij en hussel alles goed door elkaar. Proef een hapje, voeg naar smaak eventueel wat zout en peper toe en zet ze even opzij.

Besprenkel de kefta met een klein beetje olijfolie en bak ze 7 tot 10 minuten op de barbecue of in de hete pan, terwijl je ze regelmatig omdraait tot ze rondom bruin en goed gaar zijn. Het kan nodig zijn om dit in twee ladingen te doen, omdat de pan anders te vol wordt. Warm de broodjes intussen ongeveer 30 seconden aan elke kant op in de hete pan.

Scheur de warme broodjes doormidden en snijd ze met een scherp mes open. Schep een lepel yoghurt met harissa in het open broodje, smeer het mengsel uit, schep er een lepel uiensalade in en vul de broodjes met een paar kefta. Serveer er de groene salade in een kommetje naast en aanvallen maar. Echt verrukkelijk!

MAROKKAANSE FISH AND CHIPS

Voor 4 personen

- 600 g zeeduivelstaarten, zonder vel, schoongemaakt en in stukjes van 5 cm gesneden
- olijfolie
- zeezout en zwarte peper uit de molen
- 1 kilo bakaardappelen, geschrobd
- 2 rijpe tomaten, grof gehakt
- ½ kleine komkommer, in de lengte gehalveerd en in dunne plakjes gesneden
- 1 wortel, geschild en in lucifertjes gesneden, of met een dunschiller in dunne reepjes gesneden
- 1 eetlepel kappertjes, uitgelekt
- een klein bosje verse koriander, alleen de blaadjes
- 4 Arabische platte broodjes of pitabroodjes
- 1 eetlepel wittewijnazijn
- 3 eetlepels extra vierge olijfolie
- yoghurt, voor erbij

Voor de marinade

- ½ eetlepel paprikapoeder
- ½ eetlepel kurkuma
- ½ eetlepel gemberpoeder
- ½ eetlepel gemalen koriander
- een klein bosje verse bladpeterselie, fijngehakt

Dit is echt een ongelofelijk eenvoudig gerecht - en je kunt naar hartenlust experimenteren met droge en natte smeersels tot de vis perfect naar je zin is. De friet heb ik erbij gedaan omdat het in combinatie met de exotisch gekruide vis een leuk fusion-effect geeft. Omdat de zeeduivel maar een paar minuten nodig heeft, moet je eerst de patatjes bakken en als die licht goud-bruin en krokant zijn en je gasten aan tafel zitten, leg je pas de stukjes vis op de barbecue.

PS Denk erom dat als je dit op de barbecue klaarmaakt de kooltjes echt gloeiendheet moeten zijn. Trek dus voldoende tijd uit om ze goed op te stoken.

Verhit de oven tot 200 °C (gasovenstand 4). Leg de stukken zeeduivel met alle ingrediënten voor de marinade, 2 eetlepels olijfolie en een flinke snuf zout en peper in een kom. Hussel grondig door elkaar, dek de kom af met keukenfolie en zet de vis zo minstens 1 uur in de koelkast.

Snijd intussen de aardappelen in 1 centimeter dikke patatjes en leg ze in een enkele laag op 2 grote bakplaten. Sprenkel er een paar scheutjes olijfolie over, bestrooi ze met een flinke snuf zout en peper, en hussel de patatjes goed door elkaar. Bak ze 30 tot 40 minuten in de hete oven tot ze krokant, gaar en licht goudbruin zijn. Verwissel de platen halverwege het bakken van plaats en schud de patatjes even flink door elkaar zodat ze gelijkmatig gaar worden.

Zet een grillpan of koekenpan met antiaanbaklaag op hoog vuur en laat hem flink heet worden. Maak de salade door de tomaten, komkommer, wortel, kappertjes en koriander in een kom door elkaar te husselen.

Leg ongeveer 10 minuten voordat de patatjes klaar zijn de stukken gemarineerde vis in de hete pan en bak ze terwijl je ze regelmatig omdraait 5 tot 7 minuten, of tot ze stevig en gaar zijn. Als je pan niet groot genoeg is, zul je dit in twee porties moeten doen. Warm de broodjes 30 seconden aan elke kant op in een hete, droge pan of verpak ze in aluminiumfolie en leg ze een paar minuten in de hete oven. Maak de salade aan met wittewijnazijn, extra vierge olijfolie en een snufje zout en peper.

Scheur de warme broodjes doormidden, snijd ze met een scherp mes open en vul ze met een plukje salade, een paar stukjes zeeduivel en een lepel yoghurt. Strooi er een snufje paprikapoeder op de patatjes en serveer ze op een apart bord.

KIPKEBABS MET AVOCADODIP

Voor 4 personen

- 4 kipfilets (ongeveer 125 g elk), liefst vrije uitloop of biologisch, in hapklare stukjes gesneden
- 4 Arabische platte broodjes of pitabroodjes
- 1 citroen, in partjes gesneden, voor erbij

Voor de marinade

- een stuk verse gemberwortel ter grootte van een duim, geschild en geraspt
- 1 eetlepel heet paprikapoeder
- 1 theelepel kurkuma
- 1 theelepel korianderpoeder
- 3 eetlepels olijfolie
- zeezout en zwarte peper uit de molen

Voor de avocadodip

- 2 rijpe avocado's
- 1 theelepel komijnpoeder
- 2 tenen knoflook, gepeld en heel fijn gehakt
- 1 verse groene of rode Spaanse peper, zonder zaadjes, fijngehakt
- een klein bosje verse koriander, fijngehakt
- 2 eetlepels extra vierge olijfolie
- sap van 1 citroen

Niets is eenvoudiger dan een paar stukjes kip op een spiesje prikken. Ook nu weer zijn de heerlijk warme, platte broodjes het medium waar het zalige, gebarbecuede vlees mee opgepeuzeld wordt. Hoewel de frisse avocadodip niet typisch Marokkaans is, past de zijdezachte structuur met de stukjes Spaanse peper perfect bij de zalig sissende kipkebabs. Ik gebruik in dit recept kipfilets omdat ze sneller gaar zijn en het meest verkocht worden, maar als ik ze thuis zou maken, zou ik ontvelde, uitgebeende kippendijen nemen en die 5 of 10 minuten langer op iets lager vuur bakken. Met filets wordt het al erg lekker, maar als je bereid bent wat meer tijd en moeite aan de dijen te besteden, betaalt zich dat terug in de vorm van iets kleveriger en malser vlees. Als je de stukjes kip voor het grillen een hele nacht in de marinade zet, worden ze ook extra lekker.

Ik vind dat in elke keukenla ten minste twintig metalen prikkers thuishoren. Het is misschien een beetje vreemd om te zeggen, maar je hoeft er maar één keer je portemonnee voor te trekken en ze gaan de rest van je leven mee. Ik vind een berg rauwe kebabs die naast de barbecue of grill liggen te wachten er op de een of andere manier altijd heel spectaculair uitzien.

Doe de ingrediënten voor de marinade met een flinke snuf zout en peper in een kom. Hussel de stukjes kip in het mengsel door elkaar, dek de kom af met keukenfolie en zet hem minstens 30 minuten in de koelkast – maar liever wat langer.

Maak intussen de avocadodip. Snijd de avocado's doormidden, haal er de pitten uit en schep het vruchtvlees in een kom. Doe er de rest van de ingrediënten en een snufje zout en peper bij, en prak alles met een vork of een aardappelstamper door elkaar. Je kunt het mengsel heel glad maken of er stukjes in laten zitten, dat moet je zelf weten. Ik doe die van mij altijd half-half. Proef of de dip voldoende op smaak is en zet hem zolang opzij.

Zet wanneer je zover bent een grillpan op matig vuur en laat hem goed heet worden. Leg er de kip in en bak ze 5 tot 7 minuten terwijl je ze regelmatig omkeert, tot ze gaar en goudbruin zijn en er mooie schroeiplekjes op zitten. Warm intussen in een andere, droge pan de broodjes op. Ongeveer 30 seconden aan beide kanten is genoeg.

Scheur de broodjes doormidden en snijd ze open. Schep er een lepel van de heerlijke avocadodip in en beleg de broodjes met stukjes kip. Serveer er partjes citroen bij om uit te knijpen.

Als je in Marrakesh bent, moet je absoluut een kijkje nemen bij de mechoui-mannen. Deze gasten maken vaak wel twintig lammeren tegelijk klaar in hun ondergrondse ovens. Als het vlees heel langzaam perfect gaar gebakken is, wordt het van het spit gehaald en maken ze er de meest waanzinnige sandwiches mee.

MECHOUI-LAMSVLEES EN EEN WORTELSALADE MET SINAASAPPELSAP

Voor 4 personen (en dan houd je flink wat vlees over)

- 1 lamsschouder (ongeveer 2½ kilo)
- 50 g smen of boter, op kamertemperatuur
- 1 volle theelepel komijnpoeder, plus wat extra voor erbij
- 1 volle theelepel korianderpoeder, plus wat extra voor erbij
- 1 theelepel zeezout
- een klein handje takjes tijm, alleen de blaadjes
- een paar takjes verse rozemarijn, alleen de blaadjes
- zwarte peper uit de molen
- 1 bol knoflook
- 4 platte broodjes
- pitjes uit ½ granaatappel
- 250 g Griekse yoghurt
- 4 eetlepels harissa

Voor de wortelsalade met sinaasappelsap

- 4 kleine wortelen, geschild
- sap van ½ sinaasappel
- extra vierge olijfolie
- rodewijnazijn
- een klein bosje verse munt, alleen de blaadjes, de grotere in grove stukjes gescheurd

Ik ben echt heel trots op dit schitterende gerecht. Ik weet niet wat de mechoui-mannen op de markt in Marrakesh ervan zouden maken, maar ik vind dat ik het dankzij lokale ingrediënten zoals de salade van wortel en sinaasappel redelijk traditioneel heb gehouden. Wat ik er vooral zo leuk aan vind, is dat je in je eigen huis de authentieke smaak van Marokko kunt creëren. Het enige ingrediënt waar je misschien lastig aan kunt komen, is smen, een soort gefermenteerde boter, maar gelukkig kan het ook met normale boter.

Zet de oven op de hoogste stand. Leg de lamsschouder met het vel naar boven in een grote braadslede, wrijf hem in met smen of boter tot hij volledig bedekt is en strooi vervolgens de komijn en koriander erop. Stamp 1 theelepel zout en de tijmblaadjes in een vijzel door elkaar en wrijf ze samen met de rozemarijnblaadjes en een flinke snuf zwarte peper op het vlees.

Sla de bol knoflook open, haal de tenen los en druk ze in de laag boter op het vlees. Giet ongeveer 1 deciliter water in de braadslede en dek het stuk vlees af met een dubbele laag aluminiumfolie. Zet de braadslede in de hete oven en verlaag de temperatuur tot 180 °C (gasovenstand 3). Een schouder van deze grootte heeft in totaal ongeveer 3 uur nodig. Haal het aluminiumfolie er de laatste 30 minuten af. Het vlees is klaar als het velletje lekker krokant is en het malse vlees van het bot valt.

Laat het vlees, losjes afgedekt met aluminiumfolie, 12 tot 15 minuten rusten en maak in de tussentijd de salade. Snijd de wortelen met een dunschiller of mandoline, of met de julienneplaat of rasp van de keukenmachine in zo dun mogelijke sliertjes en doe ze in een kom. Maak ze aan met sinaasappelsap, een flinke scheut extra vierge olijfolie, een scheutje rodewijnazijn, de muntblaadjes en een snufje zout en peper, en hussel alles goed door elkaar. Zet de sla in een kom op tafel of verdeel hem over de borden.

Trek het vlees met een vork uit elkaar. Leg de platte broodjes even in de oven of warm ze 30 seconden aan beide kanten op in een droge koekenpan, en maak er een soort wijde puntzakjes van zoals op de foto. Vul een broodje met vlees en strooi er granaatappelpitjes op. Schep er een lepel yoghurt met een kloddertje harissa naast, maak het geheel af met een snufje komijn- en korianderpoeder en je hebt een echte topmaaltijd.

TAJINE MET KIP, OLIJF EN INGEMAAKTE CITROEN

Voor 4-6 personen

- 1 hele kip (ongeveer 1½ kilo), liefst vrije uitloop of biologisch, met vel, in 4 stukken (vraag je slager of poelier dat voor je te doen)
- olijfolie
- 1-2 grote venkelknollen
- 2 uien, gepeld en grof gehakt
- een klein bosje verse koriander
- 4 tenen knoflook, gepeld en in plakjes gesneden
- 2-3 kleine ingemaakte citroenen (of 1 zelfgemaakte - zie blz. 216), zonder pitten, in stukjes gehakt
- 80 g zwarte en groene olijven, zonder pit
- een flinke pluk saffraan
- 5 dl hete, biologische kippenbouillon

Voor het smeersel

- 1 volle theelepel korianderzaad, gestampt
- 1 afgestreken theelepel komijnpoeder
- 1 volle theelepel gemberpoeder
- 2 eetlepels olijfolie
- zeezout en zwarte peper uit de molen

Het woord 'tajine' verwijst niet alleen naar het gerecht zelf, maar ook naar de bijzondere stoofpot waarin het klaargemaakt wordt. De dikke, aardewerken potten worden overal in Marokko gebruikt en zijn oorspronkelijk geïntroduceerd door nomaden, die ze rechtstreeks in de gloeiende as van een kampvuur zetten om de meest waanzinnige stoofpotten met geit, lam en kip te maken. Van oudsher was de vrouw des huizes verantwoordelijk voor de bereiding van tajine, en dat is meestal nog steeds het geval. Het is voor hen een manier om uitdrukking te geven aan de liefde en genegenheid voor hun gezin. Als ik je een tip mag geven: mocht je meisje je een matige tajine voorschotelen, dan zou ik goed op mijn hoede zijn!

Door voor dit gerecht een echte tajine te gebruiken maak je het wel interessanter, maar in feite is het niets meer dan een stoofpot met een heerlijk volle smaak, die je net zo goed in een conventionele, zware braadpan met dikke bodem klaar kunt maken. Wat mij betreft kan dit recept nauwelijks misgaan en vooral de ingemaakte citroen komt bijzonder goed tot zijn recht. Je kunt ingelegde citroenen kant-en-klaar kopen, maar als je zelf een poging wilt wagen - en ik vind dat je dat zeker eens moet doen - vind je op blz. 216 een recept.

Meng de ingrediënten voor het smeersel in een kommetje. Leg de stukken kip in een grote kom, wrijf ze in met het smeersel, dek de kom af met folie en laat de kip minstens een paar uur, maar liefst een hele nacht, in de koelkast marineren.

Doe wanneer je zover bent een flinke scheut olijfolie in een tajine of grote, zware braadpan en braad de stukken kip 5-10 minuten op hoog vuur aan tot ze rondom mooi goudbruin zijn. Leg ze wel eerst op het vel.

Snijd terwijl de kip ligt te braden de venkelknollen in 8 gelijke partjes en doe ze samen met de uien, de koriandersteeltjes en de knoflook in de pan. Roer goed, laat alles een paar minuten bakken en doe er dan de ingemaakte citroen, olijven en saffraan bij. Giet de hete bouillon in de pan, roer alles nog een keer goed door elkaar, leg er een deksel of een stuk aluminiumfolie op en laat de hele boel 1½ uur zachtjes pruttelen, tot het vlees van het bot begint te vallen. Controleer halverwege of alles goed gaat en roer de hele boel nog een keer door elkaar. Giet er als het te droog dreigt te worden een scheutje water bij.

Roer als de kip gaar is alles nog een laatste keer voorzichtig door elkaar en laat het eventueel een paar minuten zonder deksel inkoken als het je nog wat te vloeibaar lijkt. Proef een hapje, voeg zo nodig een snufje zout en peper toe en strooi er de blaadjes koriander over. Een tajineschotel heeft op zich al voldoende liefde en aandacht in zich en heeft geen poespas nodig. Een eenvoudige kom lichtgekruide, dampende couscous volstaat.

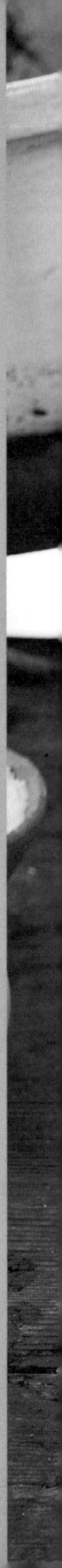

RUNDERTAJINE

Voor 4-6 personen

- 600 g runderstooflappen
- olijfolie
- 1 ui, gepeld en fijngehakt
- een klein bosje verse koriander
- 1 blik van 400 g kikkererwten, uitgelekt
- 1 blik van 400 g gehakte tomaten
- 8 dl groentebouillon, liefst biologisch
- 1 kleine pompoen (ongeveer 800 g), zonder zaadjes, in stukjes van ongeveer 5 cm gesneden
- 100 g pruimen, zonder pit, in stukjes gescheurd
- 2 eetlepels geschaafde amandelen, geroosterd

Voor het smeersel

- zeezout en zwarte peper uit de molen
- 1 afgestreken eetlepel ras el hanout (zie bl. 226)
- 1 afgestreken eetlepel komijnpoeder
- 1 afgestreken eetlepel kaneel
- 1 afgestreken eetlepel gemberpoeder
- 1 afgestreken eetlepel zoet paprikapoeder

Ik beschouw tajine eigenlijk als een stoofpot met een extraatje. Het geheim zit hem in de specerijen en het lange stoven, waardoor de heerlijke smaken de tijd krijgen zich te ontwikkelen. Het mooie is dat je helemaal geen authentieke Marokkaanse tajine nodig hebt om een verrukkelijke schotel op tafel te zetten - met een flinke pan zijn ook prima resultaten te behalen. Sinds ik in Marrakesh het principe onder de knie heb gekregen, kan ik thuis naar hartenlust met smaken experimenteren. Probeer dit recept maar eens en je begrijpt precies wat ik bedoel.

Meng de ingrediënten voor het smeersel in een kommetje. Leg de lappen rundvlees in een grote kom, wrijf er het smeersel in, dek de kom af met keukenfolie en zet hem minstens een paar uur, maar liefst een hele nacht, in de koelkast. Op die manier dringen de specerijen echt diep in het vlees door.

Doe wanneer je zover bent een flinke scheut olijfolie in een tajine of braadpan en braad het vlees 5 minuten op matig vuur aan. Doe er de gehakte ui en de steeltjes van de koriander bij en bak ze 5 minuten mee. Doe er dan de kikkererwten, de gehakte tomaten en 4 deciliter bouillon bij en roer goed. Breng het mengsel aan de kook, leg een deksel op de pan of dek hem af met een laag aluminiumfolie, en laat 1½ uur zachtjes pruttelen.

Doe er vervolgens de pompoen, de pruimen en de rest van de bouillon bij, roer alles even rustig door elkaar, leg de deksel er weer op en laat nog eens 1½ uur zachtjes pruttelen. Houd de boel goed in de gaten en giet er als het te droog dreigt te worden een scheutje water bij.

Haal na anderhalf uur de deksel van de pan en controleer de consistentie. Als het nog iets te vloeibaar is, moet je het 5 tot 10 minuten zonder deksel in laten koken. Als het goed is, valt het supermalse vlees nu bijna vanzelf in vlokken uit elkaar. Proef een hapje en voeg zo nodig een snufje zout toe. Strooi er de korianderblaadjes en de geroosterde amandelen over en zet de tajine met een grote kom dampende, lichtgekruide couscous op tafel. Eet smakelijk!

Van jonge vrijgezellen tot oude vrouwtjes, in Marrakesh maakt iedereen gebruik van de grote gemeenschappelijke ovens. De mensen leveren er als ze naar hun werk gaan tajines met vlees en groentes af, waarna een man de hele dag het vuur in de gaten houdt en zorgt dat de inhoud geleidelijk gaar stooft. Als ze tegen het eind van de werkdag naar huis gaan, staat er een heerlijk stoofpot op ze te wachten. Reuze handig!

البقر
الغنم
كفتة
كفتة رجيم

PEUGEOT

EENVOUDIGE LAMSVLEESTANGIA

Voor 4-6 personen

- een klein handje gemengde olijven, met pit
- 2 kleine ingemaakte citroenen (of 1 zelfgemaakte - zie blz. 216), in grove stukjes gehakt
- olijfolie
- een flinke snuf saffraan
- 2 wortelen, grof gehakt
- 2 preien, schoongemaakt en in grove stukjes gehakt
- 350 g nieuwe aardappeltjes
- 1 bol knoflook, ongepeld, tenen apart en met de platte kant van een mes platgedrukt
- 800 g lamsnekfilet, in stukken van 10 cm gesneden
- 2 eetlepels smen (gefermenteerde boter) of boter
- zeezout en zwarte peper uit de molen

Tangias worden traditioneel urenlang in gloeiende kooltjes gezet om ze langzaam gaar te stoven. Het briljante is dat je de ingrediënten in feite alleen maar in laagjes op hoeft te stapelen en dat de warmte verder het werk doet. Eenpansgerechten zijn in Marokko enorm populair, met name bij vrijgezellen! Het zijn overwegend recepten die je gemakkelijk thuis kunt namaken, en dit is er een die prima geschikt is voor beginners. Marokkanen hakken het lamsvlees met botten en al in stukjes, maar ik heb in dit geval voor nekfilet gekozen omdat het aanzienlijk minder gedoe is. Voor de smaak van het eindresultaat maakt het niet veel uit. Als je geen authentieke tangia hebt, is dat geen probleem, het kan namelijk net zo goed in een grote aardewerken ovenschaal of grote braadpan met strak passende deksel.

Verhit de oven tot 150 °C (gasovenstand 1-2). Doe om te beginnen de olijven en de gehakte citroen met een flinke scheut olijfolie en de saffraan in de tangia, en leg er vervolgens de groentes, de platgedrukte tenen knoflook en de stukken lamsvlees op. Doe er de smen of boter, een flinke snuf zout en peper en 7 deciliter water bij, zodat alles onderstaat. Als je geen traditionele tangia kookpot hebt, hussel je de ingrediënten in een kom door elkaar, doe je ze in een passende pan en giet je het water erbij.

Dek de pot of pan af met een deksel of een stuk aluminiumfolie, en zet hem ongeveer 3½ uur in de hete oven tot het lamsvlees mals is en uit elkaar valt. Serveer er warme, platte broodjes en een frisse, groene salade bij. Vertel je gasten wel dat er nog pitten in de olijven zitten en laat iedereen zelf de zalige tenen knoflook uit hun jasje knijpen.

PS Je kunt voor dit recept ook andere soorten vlees gebruiken. Met wild of kip is het bijvoorbeeld ook erg lekker.

INGEMAAKTE CITROENEN

- 10 kleine, onbehandelde citroenen (zonder waslaagje)
- 200 g grof zeezout
- 2 verse laurierblaadjes
- 7 zwarte peperkorrels
- 2 kaneelstokjes

Dit is een heel leuk, typisch Marokkaans, geniaal recept. Het is doodeenvoudig te maken en hoewel dit ingrediënt altijd een beetje vreemd klinkt, geeft het een fantastische, frisse smaak aan je gerechten. Onze westerse smaakpapillen moeten er in eerste instantie altijd een beetje aan wennen, maar ik beloof je dat je binnen de kortste keren om bent. Bedenk wel dat je ze echt nooit zo, als een soort zure uitjes, uit de pot moet snoepen!

Met de waanzinnige smaak kun je echt alle kanten op, dus experimenteer er maar lekker op los. Als je er een nodig hebt, schep je er gewoon een uit de pot!

Haal de pitjes eruit, hak ket vruchtvlees fijn en roer het door rijstgerechten, saladedressings, stoofpotten, tajines, noem maar op... Een klein beetje ingemaakte citroen doet het heel goed bij gebakken vis, en een vulling van olijven, feta en ingemaakte citroen in een in prosciutto gerolde en gebakken kipfilet is echt zalig!

Begin met het steriliseren van een weckpot van 1 liter. Dat is een echt zo gepiept. Verhit de oven tot 100 °C (gasovenstand 3), haal de rubberen rand van de deksel en zet de pot met deksel en al 20 minuten in de hete oven. Doe de rubberen rand in een kom en schenk er kokend water op. Haal de pot en de deksel uit de oven zonder de rand of de binnenkant aan te raken en laat ze volledig afkoelen voordat je met de citroenen aan de slag gaat.

Pers het sap van 5 citroenen in een kan en zet het zolang opzij. Snijd een diep kruis, tot ongeveer drie kwart, in de bovenkant van de overige citroenen, zodat de partjes aan de onderkant nog net aan elkaar vastzitten. Schep een theelepel zeezout in elke citroen en druk ze weer stevig in elkaar. Doe ze in de gesteriliseerde pot en doe er de rest van het zout en de laurierblaadjes, peperkorrels en kaneelstokjes bij. Schenk er het citroensap bij en vul de pot af met water. Doe de deksel erop en sluit de pot af. Laat de citroenen ongeveer een maand op een koele, donkere plek staan en schud de pot elke dag even om het zout te verdelen.

Na een maand zijn de citroenen klaar voor gebruik in een van de recepten die ik hierboven heb genoemd, of in iets anders wat je lekker lijkt. Ze blijven echt heel lang goed, maar ik moet eerlijk toegeven dat ze bij mij bijna altijd binnen een week of twee op zijn. Ik eet ze echt overal bij.

Het ritueel en de zorg die komen kijken bij het bereiden van Marokko's nationale drank, muntthee, is echt prachtig om te zien. Restaurants kopen hun munt elke dag vers op de markt en serveren het met veel suiker in sierlijke kleine glaasjes.

SOUPLE
MARQUISE

M'HANNCHA MET DADELSAUS

Voor 12 personen

Voor de m'hanncha

- 375 g boter, op kamertemperatuur, plus wat extra om in te vetten en te kwasten
- 375 g poedersuiker, plus wat extra om te bestuiven
- 3 grote eieren, liefst vrije uitloop of biologisch
- 375 g gemalen amandelen
- 1 volle eetlepel bloem
- geraspte schil van 1 citroen
- geraspte schil van 1 sinaasappel
- 50 g gepelde pistachenoten, in een vijzel fijngestampt
- 4 eetlepels rozenwater
- 10 vellen filodeeg
- desgewenst 3 eetlepels rozenblaadjes
- vanilleroomijs van goede kwaliteit of yoghurt, voor erbij

Voor de dadelsaus

- 160 g dadels, zonder pit, in grove stukjes gehakt
- 5 dl vers geperst sinaasappelsap

Ai, de slang! Dit is een interessant, traditioneel gerecht dat ik in Marrakesh heb leren maken, waarmee je gegarandeerd de aandacht trekt. Het is exotisch, spectaculair en absoluut verrukkelijk: het krokante deeg en de overheerlijke, luchtige amandelvulling met nootjes, vanille en rozenwater, in combinatie met de lekker kleverige saus, geven het echt een waanzinnige structuur. Op het eerste gezicht lijkt het een behoorlijke klus, maar als je het eenmaal onder de knie hebt, gaat het razendsnel. En afgezien daarvan is het de moeite dubbel en dwars waard!

Verhit de oven tot 180 °C (gasovenstand 3). Klop de boter en poedersuiker in een grote kom door elkaar en spatel er vervolgens een voor een heel rustig de eieren door. Het mengsel ziet er geschift uit, maar dat hoort zo. Doe er de gemalen amandelen en bloem bij, meng alles goed, en roer er ten slotte de citroen- en sinaasappelschil, de gestampte pistachenootjes en het rozenwater door.

Leg de vellen filodeeg met de korte kant naar je toe in een rij op een groot, schoon werkvlak. Laat de randen telkens een paar centimeter overlappen - de rij moet in totaal ongeveer 2 meter lang zijn. Als je een vel overhoudt, bewaar je dat. Schep de vulling nu in een zo regelmatig mogelijke lijn op de lange kant van het deeg, maar houd daarbij een rand van 8 centimeter vrij. Strooi nu eventueel de helft van de rozenblaadjes op de vulling.

Vet een ronde taartvorm van 29 centimeter of een bakplaat in met een klontje boter en zet hem even opzij. Vouw de rand van 8 centimeter nu over de hele lengte over de vulling heen en rol het deeg vervolgens strak op alsof je een superlange Zwitserse rol maakt. Ga behoorlijk vlug te werk om te voorkomen dat het deeg uitdroogt. Heb je het gevoel dat het toch te droog wordt, dan kun je een beetje boter op het deeg kwasten. Stop de randjes strak in en rol de worst in een spiraal op. Schuif de spiraal heel voorzichtig van je werkvlak op een plank of plat bord, en vervolgens in de taartvorm of op de bakplaat. Gebruik het eventueel overgebleven vel deeg om gaatjes op te vullen. Bak de m'hanncha 40 tot 45 minuten in de oven, of tot hij krokant en prachtig goudbruin is. Begin ongeveer 15 minuten voordat hij klaar is met de dadelsaus.

Breng de dadels met het sinaasappelsap in een kleine pan aan de kook, draai het vuur laag en laat ze 20 minuten zachtjes pruttelen en inkoken. Laat het mengsel een beetje afkoelen en hak het in een keukenmachine of blender tot een heerlijk gladde, dikke saus.

Haal de m'hanncha uit de oven en laat hem 10 tot 15 minuten afkoelen. Bestuif hem met poedersuiker en strooi er de resterende rozenblaadjes over. Serveer per persoon een flinke punt m'hanncha, schep er de heerlijke dadelsaus over en geef er een bolletje vanilleroomijs of een lepel yoghurt bij.

ZOETE COUSCOUS

Voor 4 personen

- 200 g gedroogde abrikozen, zonder pit en in grove stukjes gehakt
- 1 sinaasappel
- 200 g couscous
- 5½ dl volle melk
- 3 eetlepels vloeibare honing
- een hand gepelde pistachenootjes
- kaneel

Couscous is in de Marokkaanse keuken een van de belangrijkste ingrediënten, en hoewel we het allemaal wel kennen, komen niet veel mensen op het idee om er een dessert mee te maken. Dat is eigenlijk heel jammer, omdat couscous een perfect smaakmedium is en je er alle kanten mee op kunt. Marokkanen prikken de korrels los en husselen er vruchtjes en muntblaadjes door, maar ik beschouw het meer als een soort pap met vruchten en nootjes en maak er een vochtige brij van. Probeer het maar eens en ik garandeer je dat je couscous nooit meer met dezelfde ogen zult bekijken.

Doe de gehakte abrikozen met de geraspte sinaasappelschil in een kom, schenk er net voldoende kokend water bij om ze onder te zetten, en zet ze even opzij. Zet de couscous in een middelgrote pan op matig vuur, doe er de melk en 2 eetlepels van de honing bij, breng het zachtjes aan de kook en laat het 5 tot 7 minuten zachtjes pruttelen terwijl je regelmatig blijft roeren. Houd de boel goed in de gaten en doe er als je denkt dat het te droog wordt een scheutje water bij, maar laat het niet te lang koken - de couscous moet een mooie natte consistentie hebben.

Rooster de pistachenootjes een paar minuten in een droge koekenpan en hussel ze regelmatig door elkaar tot ze heerlijk beginnen te ruiken. Sprenkel er als ze bijna klaar zijn de laatste lepel honing over om de nootjes lekker kleverig te maken. Kieper vlak voor het serveren de abrikozen inclusief vocht in een blender. Pers er het sap van een halve sinaasappel bij en hak ze tot een gladde puree. Doe er als de puree te dik is wat extra sinaasappelsap bij en zet de blender nog heel even aan. Als je geen blender hebt, kun je de abrikozen ook op een plank fijnprakken en weer door het sap in de kom roeren, zodat je een soort heerlijk frisse abrikozencompote krijgt.

Verdeel de zoete couscous over vier kommen, doe er een flinke lepel van de compote of puree bij en strooi er een paar kleverige pistachenootjes op. Maak de porties af met een snufje kaneel en smullen maar!

10

NIKE

PAPRIKAPOEDER, KOMIJN EN HARISSA

Paprikapoeder is een van de meest gebruikte specerijen in de Marokkaanse keuken. Het zit in de meeste kruidenmengsels, dus ook in de beroemde **ras el hanout** (Arabisch voor 'het beste van de winkel').

Het is een mengsel van de beste specerijen die de verkoper in huis heeft. Het mengsel is overal anders, en kan uit 10 tot soms wel 100 verschillende ingrediënten bestaan. Vaste bestanddelen zijn nootmuskaat, kaneel, foelie, anijs, kurkuma, cayennepeper, peperkorrels, gedroogde galangawortel, gember, kruidnagel, kardemom, Spaanse peper, piment en iriswortel.

Komijn wordt heel veel gebruikt in de Marokkaanse keuken. De zaadjes worden gemalen en gebruikt voor tajines, gehaktballetjes (kefta) en gegrild vlees, en over salades en gekookte groentes gestrooid.

Harissa is een hete, rode saus of pasta van gerookte Spaanse pepers en knoflook. Het wordt veel gebruikt als basis voor stoofschotels en in vleesmarinades, of om couscous pittig te kruiden.

MUNT

Marokkanen zijn dol op **munt**, en op de markten zijn diverse heerlijke soorten verkrijgbaar. Bijna iedereen koopt dagelijks verse munt om de nationale drank - muntthee - mee te zetten.

LAMSVLEES

Lam is in Marokko een van de populairste vleessoorten. Lamsschouder wordt veel in tajines gebruikt, en hele lammeren worden vaak gestoofd. Mechoui-lam wordt boven open vuur geroosterd en is een van de hoogtepunten van de Marokkaanse keuken.

Marokko kent tal van lamsvleestajines, met naast alle denkbare groentes ook diverse gedroogde vruchten.

TUINBONEN, OLIJVEN EN DADELS

Tuinbonen worden gebruikt voor de populaire soep *bassara*. Verse tuinbonen worden veel in salades verwerkt.

Marokkaanse **olijven** en olijfolie geven Marokkaanse gerechten een krachtige, opvallende smaak. Ze variëren van groen tot roze en zwart. Geplette groene olijven worden veel verwerkt in kip en visgerechten, maar worden ook als tussendoortje gegeten.

In Marokko wordt veel gebruikgemaakt van gedroogde vruchten, en **dadels** zijn een van de meest voorkomende. Ze zijn er in alle soorten en maten, en variëren in zoetheid. Ze worden in heel Noord-Afrika en het Midden-Oosten gebruikt om vleesgerechten en desserts een zoetje te geven. De grote, taaie en zoete medjooldadels worden algemeen als de lekkerste beschouwd.

COUSCOUS

Couscous is een basisbestanddeel van het Marokkaanse eten. De meest voorkomende soort wordt gemaakt van semolinakorrels met een laagje tarwebloem, en wordt traditioneel in een speciale pot op een tajine gestoomd. Couscous wordt van oudsher op vrijdag bij de lunch gegeten, nooit 's avonds, en wordt geserveerd met tajine of ander gestoofd vlees. Traditioneel wordt couscous met de hand gegeten.

INGEMAAKTE CITROENEN

Ingemaakte citroenen worden in een zoutoplossing gepekeld en zijn een uniek ingrediënt in de Marokkaanse keuken (zie blz. 216). Je gebruikt de schil of de pulp als je een gerecht echt een intense citroensmaak wilt geven. De schil wordt in kleine stukjes gehakt en aan salades toegevoegd, terwijl de sterker smakende pulp veel gebruikt wordt om tajines en andere stoofpotten te kruiden.

GRIEKENLAND

GRIEKENLAND

Jaren geleden, lang voordat ik iets over de Griekse keuken wist of Griekse mensen had leren kennen, deed ik mee aan een schoolproject over de Akropolis. Ik behoorde misschien niet tot de beste leerlingen van mijn klas, maar toen ik Athene na al die jaren voor de eerste keer bezocht en met het bouwwerk geconfronteerd werd, was de opwinding er niet minder om.

Hoewel dit mijn eerste reisje naar Athene was, had ik al wel een warme band met Griekenland vanwege een vakantie ik ooit samen met Jools op Kreta heb doorgebracht. Het was onze eerste vakantie samen en we hadden er mede dankzij de lokale bevolking een heerlijke tijd. Deze reis was wat dat betreft niet veel anders: de mensen in Athene waren echt ontzettend vriendelijk, sociaal, vrolijk en vooral vreselijk trots dat ze Grieks waren!

Een van de dingen die me in Athene het meest opvielen, was de manier waarop de antieke gebouwen deel uitmaken van en volledig opgenomen worden in de moderne stad. Het is er waanzinnig chaotisch, maar dan wel op een leuke manier. De mix van oud en nieuw zie je ook terug in de eetcultuur. Er zijn diverse magnifieke markthallen waar je de sfeer van de oudheid kunt opsnuiven tussen eindeloze rijen kleine kraampjes met overwegend soortgelijke handel, maar meestal wel met een eigen specialisme. In een rij slagers kun je bij het ene kraampje bijvoorbeeld terecht voor lamsvlees, bij het andere voor ingewanden, terwijl de buurman daarnaast alleen varkensvlees verkoopt... en hetzelfde geldt voor vishandelaren. Dat is voor ons nogal apart, omdat in het Westen elke slager meestal een volledig assortiment vlees in huis heeft. Nou is daar niet per se iets mis mee, maar het is wel leuk om te zien hoe mensen hun brood verdienen door zich volledig op één product te focussen.

Ik was blij verrast toen ik merkte dat mijn eigen kookstijl in vrij veel opzichten overeenstemt met de Griekse manier van koken. De Grieken houden van veel dingen waar ik ook dol op ben, zoals vlees en vis van de grill met een beetje olijfolie, citroen en kruiden, en stevig gekruide stoofpotten. In de meeste taverna's staan in de hoek van de keuken grote pannen te pruttelen, zodat de lokale bevolking altijd een goedkope, voedzame maaltijd kan komen eten. Ik heb in dit hoofdstuk mijn eigen draai aan een paar van hun klassieke stoofpotten gegeven, en ze zijn stuk voor stuk zo lekker dat er vrijwel zeker een bij zit die je aanspreekt.

Een ander punt dat ik enorm in Griekenland waardeer, is dat ze er als geen ander gebruikmaken van groente. Er zijn veel landen waar je echt je uiterste best moet doen om mensen aan de groente te krijgen, maar in Griekenland wordt vrijwel elk ingrediënt met gejuich ontvangen. Ze hebben echt overal een lekker recept voor, of het nou gaat om bonen, vlees, groentes of feta... En wat het mooiste is: hun beroemde 'mediterrane dieet' is ook nog eens een van de gezondste en meest uitgebalanceerde manieren van eten ter wereld. Maar dat is natuurlijk ook niet zo vreemd als je beseft dat het ook de oudste beschaving van alle mediterrane landen is – ze hebben er dus ook ruim de tijd voor genomen!

Een fantastische manier om de Griekse eetcultuur te leren kennen is door naar een restaurant te gaan en een paar bordjes mezze te bestellen. Het principe is hetzelfde als bij de Spaanse tapas, en werd eeuwen geleden door de Turken in Griekenland geïntroduceerd. De bedoeling is dat je heel relaxed met vrienden van de bordjes snoept onder het genot van een glaasje ouzo of wijn. Dat kunnen vleesgerechtjes zijn, kleine kommetjes groente of octopus, kaas... noem maar op. Zolang je maar een bonte combinatie van spannende smaakjes, kleuren en structuren op tafel hebt, is het goed.

Als het op goede producten, lekker eten en gastvrije ontvangst aankomt, zijn Grieken echt helemaal top! Wat dat betreft is het in elk opzicht een warm land. Ik heb genoten van de mensen die ik op mijn reis heb ontmoet, en iedereen deed zijn uiterste best om mij een prettige tijd te bezorgen. Als je niet te kieskeurig bent in wat je wel of niet eet, komt alles goed, maar probeer van hun eten geen gerechten te maken zoals je die bij de Italiaan om de hoek vindt... dan denken ze: 'Wat krijgen we nou zeg? Bekijk het even!'

Nadat ik een paar dagen in Athene had doorgebracht, pakte ik de boot naar het eilandje Aegina en kwam ik in een totaal andere wereld terecht. Hoewel elk eiland een heel eigen sfeer en stijl van koken heeft, is de bindende factor in de meeste gevallen het waanzinnige assortiment verse vis en schaaldieren, en de lichte, frisse manier van bereiden.

Een grote stad als Athene zul je nooit helemaal kunnen doorgronden, daar zul je altijd verrast worden, maar een Grieks eilandje zoals Aegina is een heel ander verhaal. Op de een of andere manier heb ik het gevoel dat je daar het ware Griekenland pas leert kennen. Men leeft er nog op vrijwel dezelfde manier als vroeger en het is echt geen enkel probleem om je aan het aanzienlijk lagere levenstempo aan te passen. Ik vind het contrast tussen de twee werelden echt fascinerend, maar ik raad je wel aan om eerst naar Athene te gaan en dan pas verder te kijken. In een lang weekend kun je het allemaal beleven: zonneschijn, plezier, spanning, humor en, niet in de laatste plaats, verrukkelijk eten!

ΑΛΕΞΑΝΔΡΟΣ
-ΚΕΝΤΑΥΡΟΣ-
ΟΔΥΣΣΕΙΑ
Η ΜΥΘΟΛΟΓΙΑ ΤΩΝ ΕΛΛΗΝΩΝ
ΜΕΓΑΣ ΑΛΕΞΑΝΔΡΟΣ
Π.Σ.ΔΕΛΤΑ
ΤΡΕΛΑΝΤΩΝ
Σπόρ
ΟΛΟΙ ΤΟΥΣ ΗΤΑΝ ΜΕΓΑΛΟ
ΜΥΘΟΙ – ΘΡΥΛΟΙ
ΤΟ ΠΙΟ ΣΩΣΤΟ
ΙΣΤΟΡΙΕΣ
ΗΡΟΔΟΤΟ

GRIEKSE SALADE

Voor 4 personen

- 1 middelgrote rijpe tomaat
- 200 g rijpe kerstomaatjes
- 1 vleestomaat
- 1 middelgrote rode ui, gepeld
- 1 komkommer
- 1 groene paprika
- een hand verse dille
- een hand verse muntblaadjes
- een flinke hand zwarte olijven, zonder pit
- zeezout
- 1 eetlepel rodewijnazijn
- 3 eetlepels Griekse extra vierge olijfolie van goede kwaliteit
- 200 g feta, aan één stuk
- 1 theelepel gedroogde oregano

Deze salade is over de hele wereld populair. Iedereen die hem wel eens in Griekenland heeft gegeten, weet hoe waanzinnig lekker hij kan zijn. Hopelijk slaag je er met behulp van dit recept in de fantastische, pure smaak waar de salade zo beroemd door is geworden te reproduceren. De truc is om aandacht te besteden aan de kleine dingen die de salade zo bijzonder maken: perfect rijpe tomaten, lekkere Griekse olijfolie, prachtige olijven, romige feta en heerlijke verse kruiden.

Ik vind het altijd leuk als er verschillende vormen en maten in een salade zitten. Snijd de middelgrote tomaat daarom in partjes, de kerstomaatjes doormidden en de vleestomaat in grote ronde plakken, en doe ze allemaal bij elkaar in een grote slakom. Snijd de ui in flinterdunne ringen en doe ze bij de tomaat. Rasp met een vork in de lengte langs de komkommer om diepe sporen in de schil te maken, en snijd hem in vrij dikke plakjes. Verwijder de zaadjes uit de paprika, snijd hem in ringen en doe ze samen met de schijfjes komkommer bij de tomaat in de kom.

Hak de dille en het grootste deel van de muntblaadjes in grove stukjes; houd een paar kleine blaadjes apart als garnering. Doe de gehakte blaadjes in de slakom, knijp de olijven eerst stevig over de groentes uit om ze aan te maken en gooi ze er vervolgens bij.

Doe er een snufje zout, de azijn en de extra vierge olijfolie bij, en hussel alles even vlug met je handen door elkaar. De magie begint wanneer de zalige smaken zich met elkaar vermengen. Proef een hapje en breng de salade eventueel nog wat verder op smaak.

Leg het blok feta vlak voor het serveren op de salade, strooi er de oregano en de apart gehouden muntblaadjes over, besprenkel het geheel met extra vierge olijfolie en zet de kom meteen op tafel. Uitgesproken van smaak, lekker rommelig en overheerlijk.

PS Restjes Griekse salade hak ik vaak met wat ijsblokjes en een scheutje extra vierge olijfolie in een blender fijn om een soort Griekse gazpacho te maken. Het is absoluut niet traditioneel, maar wel erg lekker, en bovendien een fantastische manier van restverwerking!

EENVOUDIGE GEVULDE GROENTES

Voor 4 personen

- 2 grote, stevige vleestomaten
- 2 grote gele paprika's
- 2 grote rode paprika's
- 100 g gepelde pistachenootjes
- olijfolie
- 2 uien, gepeld en fijngehakt
- 4 tenen knoflook, gepeld en in dunne plakjes gesneden
- 200 g langkorrelige rijst
- 1 theelepel gedroogde oregano
- 1 verse, rode Spaanse peper, zonder zaadjes, fijngehakt
- zeezout en zwarte peper uit de molen
- 6 dl kippen- of groentebouillon, liefst biologisch
- 200 g Griekse feta, verkruimeld
- een klein bosje verse munt, alleen de blaadjes, fijngehakt
- een klein bosje verse bladpeterselie, fijngehakt
- 1 eetlepel tomatenpuree

Als kind had ik een bloedhekel aan gevulde groentes - ik kon echt niets smerigers bedenken! Maar zoals je op de foto hiernaast kunt zien, zit dit recept boordevol heerlijke kruiden. Echt waar, de kruiden zijn de crux. Als je van lekker pittig houdt, kun je er een flinke snuf Spaanse peper bij doen. Feta als smeltkaas gebruiken was voor mij een openbaring. Hij reageert heel bijzonder en lekker met de kruiden en de rijst. Dit gerecht is behoorlijk machtig en stevig genoeg om als vegetarisch hoofdgerecht te serveren. Het mooie aan paprika's en tomaten is dat de gevulde vruchten smaak geven aan de vulling en de vulling aan de vruchten! Het is als het ware een perfecte culinaire symbiose.

Verhit de oven tot 200 °C (gasovenstand 4). Snijd een kapje van de bovenkant van de tomaten en schep ze voorzichtig leeg. Gooi het vruchtvlees weg. Snijd de paprika's in de lengte precies door de steeltjes doormidden. Schep er met behulp van een scherp mes en een klein lepeltje de zaadjes uit. Leg de tomaten en de paprika's met de snijkant naar boven dicht tegen elkaar aan in een passende, diepe ovenschaal of braadslede.

Rooster de pistachenootjes een paar minuten in een grote, droge koekenpan en schep ze regelmatig om tot ze heerlijk beginnen te ruiken. Kieper ze in een vijzel en stamp ze een beetje fijn. Doe een scheut olijfolie in de pan, zet hem terug op laag vuur, doe er als de olie goed heet is de ui en knoflook in en bak ze 10 minuten tot ze zacht maar nog niet bruin zijn. Doe er de rijst, oregano, Spaanse peper en een flinke snuf zout en peper bij. Giet 3 deciliter van de bouillon in de pan en laat alles 7 tot 10 minuten koken terwijl je voortdurend blijft roeren, zodat de boel niet aan de bodem vastkoekt. Haal de pan van het vuur en roer er de verkruimelde feta, de verse kruiden en de gestampte pistachenootjes door.

Vul de uitgeholde tomaten en paprika's heel voorzichtig tot net aan de rand met het hete rijstmengsel - omdat de rijst tijdens het bakken nog uitzet, moet je oppassen dat je ze niet te vol schept. Leg de kapjes weer terug op de tomaten en sprenkel er een scheut olijfolie over. Maak de tomatenpuree aan met de resterende 3 deciliter bouillon en schenk het mengsel bij de gevulde tomaten en paprika's in de braadslede. Dek de hele boel af met aluminiumfolie en zet de schaal ongeveer 1 uur en 15 minuten in de hete oven, tot de rijst gaar is en de paprika's en tomaten heerlijk zacht zijn. Ik haal het folie er de laatste 15 minuten vaak af om het gerecht een beetje kleur te geven en het bovenste laagje rijst lekker krokant te laten worden - maar dat moet je zelf weten. Haal de braadslede uit de oven en schep de gevulde vruchten voorzichtig op de borden. Serveer ze meteen en geef er een lekker frisse salade en een mandje knapperig brood bij.

Souvlaki is fastfood op z'n best. Het is het ultieme bewijs dat een vlugge hap niet ten koste van smaak of kwaliteit hoeft te gaan. Deze jongens leerden mij de fijne kneepjes van het vak en daagden me zelfs uit tot een wedstrijdje om te zien of ik ze net zo snel kon klaarmaken als zij. Ik won natuurlijk niet, maar als ik een poosje oefen, moet het lukken!

SOUVLAKI (GEWELDIGE KEBABS)

Voor 4 personen
(voor 8 royale kebabs)

- 3 zoete, puntige paprika's - liefst in verschillende kleuren
- 8 pitabroodjes
- 4 takjes verse munt, alleen de blaadjes
- een klein bosje verse dille, gehakt (met steeltjes en al)
- rodewijnazijn
- Griekse extra vierge olijfolie
- 1 citroen, voor erbij

Voor de kebabs

- 800 g varkensschenkel, de beste kwaliteit die je je kunt veroorloven, in blokjes van ongeveer 2 cm gesneden
- 1 eetlepel gedroogde munt
- 1 eetlepel gedroogde oregano
- sap van 1 citroen
- 1 dl olijfolie van goede kwaliteit
- 2 tenen knoflook, gepeld en geraspt
- 1 eetlepel rodewijnazijn
- een snufje zwarte peper uit de molen
- een snufje zeezout

Voor de tzatziki

- ½ grote komkommer
- 2 dl yoghurt
- 1 kleine teen knoflook, gepeld
- 1 volle theelepel gedroogde munt
- 1½ theelepel rodewijnazijn

Wij Britten beschouwen het eten van kebab vaak als een zonde, maar nu ik heb gezien met hoeveel liefde en aandacht een goede Griekse kebab wordt klaargemaakt, kan ik je verzekeren dat er niets zondigs aan is. Het gaat erom dat je ingrediënten van goede kwaliteit en met veel smaak gebruikt. Ik vond gedroogde munt altijd vrij waardeloos klinken, maar nu blijkt het ineens ontzettend lekker te zijn en een bijzondere, authentieke smaak te geven. Een paar van deze broodjes bij een koel biertje is echt een feest. Bak ze op een barbecue of in een grillpan - wat voor jou het makkelijkst is.

Snijd als je houten prikkers gebruikt er 8 op lengte af zodat ze precies in je grillpan passen en leg ze in een kom water in de week om te voorkomen dat ze verbranden. Doe de ingrediënten voor de kebab in een kom en meng alles met schone handen heel grondig door elkaar. Dek de kom af met keukenfolie en zet hem minstens 30 minuten in de koelkast - wat langer als je de souvlaki extra intens van smaak wilt hebben.

Schroei de paprika's intussen boven een pit van je fornuis, in een hete, droge grillpan of onder de hete grill. Keer ze regelmatig om, leg ze als ze er bijna hopeloos uitzien in een kom, dek de kom af met keukenfolie en laat ze 5 minuten stomen - hierdoor komen de velletjes los.

Maak de tzatziki door de komkommer grof te raspen en in een zeef boven een kom uit te laten lekken. Doe er een paar snufjes zout bij en knijp er zo veel mogelijk water uit. Giet het water weg, doe de geraspte komkommer in een kom en giet er de yoghurt bij. Stamp het teentje knoflook met een snufje zout in een vijzel tot een fijne pasta en schep die bij de komkommer. Doe er de gedroogde munt en rodewijnazijn bij en meng alles goed. Proef of de smaak perfect in balans is en zet de kom even aan de kant.

Zet een grillpan op hoog vuur of zet de grill op de hoogste stand aan. Prik de gemarineerde stukjes vlees op de spiesjes en laat tussen de stukjes telkens een beetje ruimte zodat ze gelijkmatig gaar worden. Bak de kebabs 8-10 minuten in de gloeiendhete grillpan of onder de grill en keer ze regelmatig om tot ze rondom lekker bruin zijn. Warm terwijl de kebabs liggen te bakken de broodjes op in de oven of leg ze even in een droge koekenpan.

Trek vlak voordat de kebabs klaar zijn de velletjes van de zwartgeblakerde paprika's, haal er de zaadjes uit, trek ze in reepjes en doe ze in een kom. Rol de muntblaadjes in een bundeltje, snijd ze fijn en doe ze samen met de dille bij de reepjes paprika in de kom. Doe er wat rodewijnazijn, een paar snufjes zout en peper en een scheut extra vierge olijfolie bij. Hussel alles wat door elkaar. Snijd de citroen in partjes.

Schep een lepel tzatziki en het vlees van een spiesje op een broodje. Schep er wat paprikamengsel op en sprenkel er een beetje extra vierge olijfolie en een kneepje citroen over. Mooier kan haast niet.

STEVIGE STIFADO

Voor 6 personen

- 600 g runderstoofvlees, zoals riblappen of lendenlappen, in stukken van 4 cm gesneden
- 600 g varkensschouder, de beste kwaliteit die je je kunt veroorloven, in stukken van 4 cm gesneden
- olijfolie
- 3 rode uien, gepeld en in kwarten gesneden
- 1 eetlepel rozijnen, grof gehakt
- 1 blik van 400 g gehakte tomaten
- 1 eetlepel tomatenpuree
- zeezout en zwarte peper uit de molen
- sap van ½ citroen
- een bosje verse bladpeterselie
- Griekse extra vierge olijfolie

Voor de marinade

- 1½ theelepel pimentbessen
- 6 kruidnagels
- 4 tenen knoflook, gepeld
- 3 verse laurierblaadjes
- 1 kaneelstokje
- 1 theelepel gedroogde oregano
- 1,25 dl droge, Griekse rode wijn
- 4 eetlepels rodewijnazijn

Dit is waarschijnlijk een van de beroemdste Griekse stoofschotels, en dankzij de specerijen en kruiden, die het een heerlijk warme smaak geven, in elk geval een van mijn favorieten. Door het vlees voor het stoven te marineren krijgt het gerecht veel meer diepgang en wordt het ongekend lekker. De klassieke stifado die je in taverna's in heel Griekenland tegenkomt, wordt gemaakt van rundvlees, maar ik vond het leuker om met de traditie te breken en heb in deze versie een mengsel van rund- en varkensvlees gebruikt. Andere soorten vlees, van konijn of haas tot hert, kip of lam, zijn ook heel geschikt om op deze manier klaar te maken.

Stamp de pimentbessen en kruidnagels met een snufje zout in een vijzel fijn. Doe er de gepelde tenen knoflook bij en blijf stampen tot je een gladde pasta hebt. Doe de pasta in een kom, snipper er de laurierblaadjes over en doe er de rest van de ingrediënten voor de marinade bij. Hussel het vlees er goed door, dek de kom af met keukenfolie en zet hem minstens 2 uur, maar liefst een hele nacht, in de koelkast.

Doe wanneer je zover bent een paar scheuten olijfolie in een grote pan op matig vuur. Doe er de uien bij en laat ze terwijl je regelmatig roert ongeveer 10 minuten bakken tot ze zacht en licht goudbruin zijn. Doe er het vlees en de marinade, de gehakte rozijnen, de tomaten en de tomatenpuree bij, en giet er zo veel water bij dat alles net onderstaat. Voeg naar smaak zout en peper toe, breng alles aan de kook, draai het vuur laag, leg een deksel op de pan en laat het vlees 1½ uur zachtjes pruttelen. Haal vervolgens de deksel eraf en laat de pan zo nog 45 minuten op het vuur staan, of tot het vlees zo mals is dat het uit elkaar begint te vallen en de saus heerlijk dik is. Houd de boel wel goed in de gaten en doe er als het te droog dreigt te worden nog een extra scheutje water bij. Proef een hapje en breng de saus eventueel met een kneepje citroensap of wat zout en peper op smaak. Hak de blaadjes peterselie fijn, strooi ze in de pan en sprenkel er ten slotte een scheutje lekkere, extra vierge olijfolie over.

Grieken serveren er meestal pilavrijst of een rijstvormige pasta genaamd orzo bij, maar het is ook erg lekker met een stuk knapperig, warm brood of romige aardappelpuree.

MIJN WAANZINNIGE FRICASSEE VAN LAM

Voor 6 personen

- olijfolie
- 1,2 kilo uitgebeende lamsbout, in blokjes van ongeveer 4 cm gesneden
- 1 middelgrote ui, gepeld en in dunne plakjes gesneden
- 4 tenen knoflook, gepeld en fijngehakt
- 2 bosjes lente-ui, schoongemaakt en fijngesneden
- 2 kropjes bindsla of Romaanse sla, gewassen en fijn gesnipperd
- een bosje verse dille, fijngehakt (met steeltjes en al)
- zeezout en zwarte peper uit de molen
- 2 dl Griekse yoghurt

Voor de avgolemonosaus

- 2 grote eieren, liefst vrije uitloop of biologisch, licht geklutst
- sap van 1½ citroen

Veel mensen vinden het idee van sla in een stoofpot een beetje vreemd, maar sla in soepen en stoofschotels was in Engeland vroeger net zo gebruikelijk als in Griekenland. Eén ding kan ik je verzekeren: als je het probeert zul je er geen spijt van hebben. Halverwege zien de sla en dille er niet al te appetijtelijk uit, maar op dat moment gaat het er ook alleen om dat de smaak zich optimaal ontwikkelt en het vlees heerlijk mals en boterzacht wordt. De volgende stap is om het er ook fantastisch uit te laten zien. Naast je smaakpapillen wil het oog natuurlijk ook wat. Door de fricassee te verrijken met avgolemono (een mengsel van eidooier en citroen) en een schepje Griekse yoghurt wordt de saus heerlijk dik en glanzend, en komen de smaken nog beter tot hun recht. Dit mag je echt niet missen!

Verhit een paar scheuten olijfolie in een grote pan op matig vuur en doe er de stukken lamsvlees in. Roerbak ze 5 tot 7 minuten, tot de stukjes rondom bruin zijn - afhankelijk van de grootte van je pan zul je dat waarschijnlijk in meerdere porties moeten doen. Schep het aangebraden vlees uit de pan en doe er de ui, knoflook en lente-uitjes in. Roer af en toe en laat ze 10 minuten zachtjes bakken tot de uitjes zacht beginnen te worden maar nog niet bruin zijn. Doe vervolgens het vlees weer terug in de pan.

Roer er de gesnipperde sla en het grootste deel van de dille door en laat alles al roerend een paar minuten koken tot de sla geslonken is. Doe er een paar flinke snuffen zout en peper bij, en voldoende water om alles net onder te zetten. Breng aan de kook, draai het vuur helemaal laag, leg de deksel op de pan en laat 1½ tot 2 uur zachtjes pruttelen. Haal er vervolgens de deksel af en laat het nog 30 minuten pruttelen tot de stukjes lamsvlees heerlijk zacht zijn en bijna uit elkaar vallen (negen van tien keer is het vlees nu perfect gaar, maar het is wel een beetje afhankelijk van de maat van je pan en de leeftijd van het lam). Houd de stoof wel goed in de gaten en giet er als hij te droog dreigt te worden eventueel een scheutje water bij.

Als je tevreden bent met de consistentie, is het tijd om de avgolemonosaus te maken. Klop de eieren en het citroensap door elkaar en roer er vervolgens een dessertlepel Griekse yoghurt en eventueel een scheutje water door. De yoghurt is niet traditioneel, maar het maakt de saus wel heerlijk romig. Haal de pan van het vuur en roer er heel rustig de avgolemnonosaus door. Roer niet te lang door, anders begint het ei te stollen. Leg de deksel terug op de pan en laat hem zo nog een paar minuten staan.

Proef of er voldoende zout en peper in zitten en doe er eventueel nog een kneepje citroensap bij. Strooi er de rest van de gehakte dille op, zet de pan op tafel en laat ieder zelf opscheppen. Serveer er een tomatensalade en de rest van de Griekse yoghurt bij, en een bakje puree of een homp knapperig brood om de heerlijke saus mee op te deppen.

De Egeïsche Zee is echt supermooi. We gooiden onze netten uit, haalden een ongelofelijke hoeveelheid soorten vis boven, en daarna sprong ik nog even in de plomp om mijn geluk met de harpoen te beproeven. Na afloop hadden we meer dan genoeg vis om voor mijn vrienden en de bemanning een vorstelijk maal te bereiden. De Griekse eilanden zijn echt helemaal te gek!

Cressi

EGEÏSCHE KAKAVIA (PRACHTIGE VISSTOOF)

Voor 4 personen

- olijfolie
- 2 uien, gepeld en grof gehakt
- 4 stengels bleekselderij, schoongemaakt en grof gehakt
- 5 tenen knoflook, gepeld en grof gehakt
- 3 vleestomaten, grof gehakt
- 500 g aardappelen, geschild en in stukjes van 3-4 cm gesneden
- 3 verse laurierblaadjes
- 1 liter groentebouillon
- zeezout en zwarte peper uit de molen
- 700 g verse visfilets (zie de inleiding), van schubben en graten ontdaan
- sap van 1 citroen
- een klein bosje verse bladpeterselie, grof gehakt
- een klein bosje verse dille, grof gehakt
- Griekse extra vierge olijfolie
- een mooi boerenbrood, voor erbij

Het meest fantastische aan dit recept is dat je er eigenlijk elke vis voor kunt gebruiken die je maar wilt: zeebaars, lipvis, snoekbaars, koolvis, brasem, rode mul, noem maar op. Je zou als je wilt zelfs kreeft kunnen gebruiken. Leef je uit! Vraag gewoon aan je visboer welke vis het meest vers is. Griekse vissers maken dit gerecht op zee klaar met wat ze die dag toevallig hebben gevangen en koken het in zeewater. En zo heb ik het dus ook geleerd. Omdat het water dat zij gebruiken van zichzelf zout is, hoeven ze er geen kruiden aan toe te voegen om de stoof perfect op smaak te brengen. Geniaal! Met een uitgekiende mix van vissoorten wordt deze zalige stoof mooi gevarieerd van kleur en smaak.

Verhit een flinke scheut olijfolie in een grote pan op matig vuur. Doe er eerst de ui en gehakte bleekselderij bij en laat ze 5 minuten bakken. Doe er vervolgens de gehakte knoflook bij en laat het mengsel terwijl je af en toe roert nog eens 5 minuten op het vuur staan, tot alles lekker zacht maar nog niet bruin is.

Doe de tomaten, aardappelen en laurierblaadjes in de pan en schenk de bouillon erbij. Voeg naar smaak zout en peper toe en breng aan de kook. Draai het vuur laag en laat alles 15 minuten zachtjes pruttelen. Leg dan de visfilets in de pan en breng het tomatenprutje opnieuw aan de kook. Draai het vuur vervolgens weer wat lager en laat het geheel nog ongeveer 15 minuten pruttelen tot de aardappelen gaar zijn en je de gare vis gemakkelijk in vlokken trekt. Roer er het citroensap en de kruiden door, sprenkel er een scheutje extra vierge olijfolie bij, en proef voor de zekerheid nog even of de smaak mooi in balans is. Serveer er grove stukken boerenbrood bij.

PASTA MET SCHAALDIEREN

Voor 4-6 personen

- olijfolie
- 1 kleine ui, gepeld en fijngehakt
- 3 tenen knoflook, gepeld en fijngehakt
- 1 verse, rode Spaanse peper, zonder zaadjes, fijngehakt
- 300 g kerstomaatjes
- 18 rauwe langoustines, met schaal
- 1½ dl witte wijn
- 500 g spaghetti of vermicelli
- zeezout en zwarte peper uit de molen
- geraspte schil en sap van 1 citroen, plus 1 citroen, in partjes gesneden, voor erbij
- Griekse extra vierge olijfolie
- een klein bosje verse, zachte kruiden zoals dille of bladpeterselie, grof gehakt

Ik maakte dit aan boord van een schip op de Egeïsche Zee, en ik kan je vertellen dat het erg spannend was. Ik was enigszins verbaasd om in Griekenland pasta tegen te komen, maar de Grieken zelf zien het als onderdeel van hun cultuur. Ik zou niet graag met een Griek en een Italiaan in dezelfde kamer willen zijn als ze een en ander proberen uit te zoeken! Maar laten we wel wezen, wat stelt een beetje bloem met water nou helemaal voor als je onder vrienden bent? Dit gerecht is echt razendsnel klaar en vreselijk lekker, en is heerlijk met de waanzinnige schaaldieren die op de Griekse eilanden in overvloed voorhanden zijn. Ik heb de schalen laten zitten, omdat de langoustines tijdens het koken dan mooier in vorm blijven en veel minder smaak verliezen. Je kunt ook experimenteren met rivierkreeftjes of grote garnalen, of zelfs met mosselen en schelpjes.

Verhit een paar flinke scheuten olijfolie in een grote koekenpan op matig vuur en doe er de ui, knoflook en Spaanse peper in. Bak ze 5 minuten terwijl je af en toe roert, tot ze zacht maar nog niet verkleurd zijn. Doe er de tomaten, langoustines en wijn bij, draai het vuur hoog en laat alles flink hard koken. Draai het vuur vervolgens matig tot laag en laat de hele boel 5 minuten pruttelen tot de langoustines gaar en roze zijn en de saus iets is ingekookt. Op dit punt stamp ik de koppen en de klauwen van de langoustines altijd een beetje plat met een deegroller. Daardoor komt de smaak los en trekt hij beter in de pasta. Oké, het is misschien een beetje rommelig, maar dat hoort er nou eenmaal bij als je met je handen eet. Het is een pasta voor de echte liefhebber: sensueel en zalig! Leg een deksel op de pan om de saus warm te houden.

Kook de pasta volgens de aanwijzingen op de verpakking in gezouten kokend water tot hij net al dente is. Kieper de langoustines en de saus bij de uitgelekte pasta in de pan. Doe er de geraspte citroenschil, het citroensap en een flinke scheut extra vierge olijfolie bij, en voeg naar smaak zout en peper toe. Hussel alles nog even vlug door elkaar, verdeel het eerlijk over de borden en maak af met een plukje verse kruiden. Serveer er een homp knapperig brood bij om het heerlijke sap op te deppen, en een stukje citroen om uit te knijpen. Zalig met een glaasje ijskoude ouzo.

OCTOPUS VAN DE BARBECUE

Voor 4 personen

- olijfolie
- een klein bosje verse bladpeterselie, zowel de steeltjes als de blaadjes grof gehakt
- een klein bosje verse munt, alleen de blaadjes, grof gehakt
- 1 volle theelepel gedroogde oregano
- 2 verse, rode Spaanse pepers, zonder zaadjes, fijngehakt
- 2 verse tomaten, in vieren gesneden
- zeezout en zwarte peper uit de molen
- 4 tenen knoflook, ongepeld
- 4 ansjovisfilets
- 1 citroen
- 1½ kilo octopus, schoongemaakt en de ingewanden verwijderd
- ½ wijnglas witte wijn
- Griekse extra vierge olijfolie
- 2 eetlepels vloeibare honing
- een klein bosje verse tijm

Wat ik ook probeer om haar te overtuigen, mijn vrouw laat me onder geen beding met een octopus in haar buurt komen. Als jij er net zo over denkt als Jools, maar jezelf wel als echte smulpaap beschouwt, moet ik je toch adviseren dit monster uit de diepzee een kans te geven. Ze zien er misschien een beetje griezelig uit, maar ze zijn echt erg lekker, en bovendien vaak heel goedkoop. Door de octopus eerst te koken en dan te grillen krijg je vanbinnen ontzettend mals vlees met een heerlijk krokant, gekruid korstje. Octopus schoonmaken kan wel wat gedoe zijn, dus vraag als het even kan of je visboer dat voor je wil doen, zodat je thuis meteen aan de slag kunt. Als je op een filmpje wilt zien hoe een en ander in zijn werk gaat, kun je kijken op www.jamieoliver.com/how-to.

Verhit 4 tot 5 eetlepels olijfolie in een grote braadpan op matig vuur. Doe er het grootste deel van de gehakte kruiden, alle gedroogde oregano, de helft van de Spaanse pepers, de tomaten en een flinke snuf zout en peper bij. Druk de tenen knoflook met de zijkant van een mes plat en gooi ze ook in de pan. Roer de ansjovis erdoor, rasp er de schil van de citroen over en laat alles 2 minuten op matig vuur bakken om de smaken goed los te laten komen. Leg vervolgens de octopus in zijn geheel in de pan, schenk de wijn erbij en laat hem met deksel 30 minuten zachtjes pruttelen tot hij mals aanvoelt als je er met een mes in prikt.

Leg de octopus met een keukentang op een snijplank en haal de pan van het vuur. Hak de octopus in hapklare stukjes en hussel ze met een paar flinke scheuten Griekse olijfolie, een snuf zout en peper, de rest van de Spaanse pepers en de apart gehouden gehakte munt door elkaar. Zet een grillpan op hoog vuur of steek de barbecue aan en bak de stukjes wanneer de pan of de grill echt goed heet is in een paar minuten heerlijk krokant.

Maak vlak voordat je aan tafel gaat het kookvocht in een kommetje aan met de honing. Pak het bosje tijm en gebruik het om dit mengsel gedurende de laatste 40 seconden op de stukjes octopus te kwasten. Daardoor worden ze echt waanzinnig lekker. Je kunt er een frisse, groene salade met citroendressing of een stuk lekker knapperig brood bij geven, maar je kunt de octopus ook zo eten, met een partje van de geraspte citroen om uit te knijpen en een plukje van de apart gehouden, gehakte kruiden.

ZALIG AANGEMAAKTE GRIEKSE GROENTE OP TOAST

Voor 4 personen

- olijfolie
- 1 kleine rode ui, gepeld en in dunne ringen gesneden
- 200 g wilde groente of spinazie, schoongemaakt en gewassen
- ½ citroen
- 70 g van het blok geraspte harde kaas, zoals pecorino
- zwarte peper uit de molen
- 4 sneetjes ciabatta of zuurdesembrood
- 4 kerstomaatjes
- Griekse extra vierge olijfolie

Toen we op een gegeven moment een rotsachtig strandje opzochten voor een geïmproviseerde picknick, moest ik letterlijk roeien met de riemen die ik had. Deze eenvoudig belegde geroosterde broodjes bleken een groot succes - de perfecte snack voor een hete zomerdag. Door de tomaten even te grillen en op de toast te wrijven krijgt het brood een heerlijk zoetje dat perfect bij de spinazie past.

Je kunt voor dit recept diverse soorten groene blaadjes gebruiken, van rucola tot spinazie, snijbiet of zelfs brandnetels. Het spreekt voor zich dat stuggere blaadjes zoals kool en snijbiet iets meer tijd nodig hebben, maar je moet daarbij gewoon een beetje op je gevoel vertrouwen - houd de pan goed in de gaten en blijf proeven tot ze lekker en mals zijn.

Zet een droge grillpan op hoog vuur en een koekenpan met een flinke scheut olijfolie op matig vuur. Doe de uiringen in de koekenpan, wacht tot ze beginnen te karamelliseren, doe er dan de blaadjes spinazie of andere groente bij en laat ze slinken terwijl je af en toe roert. Pers er het citroensap bij, haal de pan van het vuur en roer er het grootste deel van de geraspte kaas en een flinke snuf zwarte peper door.

Leg de sneetjes ciabatta en de kerstomaatjes in de hete grillpan. Keer de tomaatjes en de broodjes een paar keer om tot ze mooi geschroeid zijn. Wrijf elk van de broodjes in met een kerstomaatje, verdeel de groente over de broodjes en strooi er de rest van de geraspte kaas op. Sprenkel er ten slotte een paar drupjes extra vierge olijfolie over en serveer ze direct.

Het eiland Aegina ligt op een steenworp afstand voor de kust van Athene. Het is een van de meest subliemе plekjes op aarde en ik voel me een bevoorrecht mens dat ik er geweest ben. Het levenstempo ligt er laag, de mensen zijn authentiek en het leven draait om genieten van eenvoudige, dagelijkse dingen, zoals eindeloze, luie lunches! De zee zit er barstensvol vis, ze hebben druiven voor wijn, olijven voor olie, bijen voor honing en geiten voor kaas... Kortom, het paradijs op aarde.

AEGINA
Kipseli

ZALIG ZOETIGE VARKENSSTOOF

Voor 6 personen

- olijfolie
- 1,2 kilo uitgebeende varkenspoot, de beste kwaliteit die je je kunt veroorloven, in stukjes van 4 cm gesneden
- 1,25 dl Griekse rode wijn van goede kwaliteit
- 1 eetlepel rodewijnazijn
- 1 grote prei, afgespoeld, schoongemaakt en in dikke ringen gesneden
- 2 rode paprika's, zonder zaadjes, grof gehakt
- 2 wortelen, geschild en in plakjes gesneden
- 1 theelepel gedroogde oregano
- zeezout en zwarte peper uit de molen
- 1 eetlepel tomatenpuree
- 200 g pruimen, zonder pit, in grove stukjes gehakt
- sap van 1 citroen
- een klein bosje verse bladpeterselie
- Griekse extra vierge olijfolie

De Griekse keuken bestaat voor een belangrijk deel uit stevige, spannende stoofpotten, vandaar dat je ze er in bijna elke taverna tegenkomt. Nikos, een goede vriend van mijn maat Andy, heeft een heel leuk, klein restaurantje genaamd Agnanti in het plaatsje Skopelos op het gelijknamige eiland. Zijn stoofpot van varkensvlees met pruimen was zo overheerlijk dat ik hem sindsdien niet meer uit mijn hoofd heb kunnen zetten. Ik moest en zou er gewoon mijn eigen versie van maken. De ingrediënten zijn vrij eenvoudig. Het vlees en de groentes zijn hartstikke goedkoop en overal verkrijgbaar, maar door de smaken rustig op elkaar in te laten werken en er op het laatst de pruimen bij te doen, transformeer je een vrij simpel gerecht in een zalig kleverig, zoetig, maar tegelijk hartig feestmaal. Als je pruimen nooit eerder op deze manier hebt gebruikt en je vindt het een beetje vreemd klinken, kan ik je van harte aanbevelen het toch eens te proberen. Ze geven de stoof een waanzinnige extra dimensie en ik weet bijna zeker dat je het lekker vindt.

Verhit een paar scheuten olijfolie in een grote pan met dikke bodem op matig tot hoog vuur. Doe er de stukjes varkensvlees bij en braad ze terwijl je af en toe roert ongeveer 10 minuten aan tot ze rondom goudbruin beginnen te worden. Als je pan niet groot genoeg is, doe je het gewoon in twee of drie keer. Doe al het vlees terug in de pan, giet er de er de wijn en de rodewijnazijn bij en laat het vlees ongeveer 5 minuten pruttelen. Wacht tot de wijn en azijn tot ongeveer twee derde zijn ingekookt, schep alles in een kom en zet de pan terug op het vuur.

Giet opnieuw een paar scheuten olie in de pan en bak prei, paprika, wortel en oregano 10-15 minuten, terwijl je af en toe roert, tot ze zacht zijn. Kieper het vlees terug in de pan en voeg naar smaak zout en peper toe. Roer er de tomatenpuree door en giet er zo veel water bij dat alles net onderstaat.

Breng het aan de kook, draai het vuur laag, leg de deksel op de pan en laat alles 2 uur zachtjes pruttelen tot het vlees uit elkaar valt. Doe er vervolgens de gehakte pruimen bij en laat zonder deksel nog 45 minuten stoven tot de stukjes vlees heerlijk mals zijn en de saus mooi dik en kleverig is. Proef of de saus voldoende op smaak is, doe er wat citroensap bij en eventueel nog wat extra zout en peper. Hak de blaadjes peterselie fijn en strooi ze in de pan. Maak de stoof af met een scheutje extra vierge olijfolie, schep de kommen of borden vol en serveer er luchtige witte rijst of eenvoudig gestoomde groente bij.

GIGANTES PLAKI

Voor 6 personen

- 500 g gedroogde grote witte bonen
- olijfolie
- 1 ui, gepeld en fijngehakt
- desgewenst 3 plakjes gerookte doorregen bacon, de beste kwaliteit die je je kunt veroorloven, fijngehakt
- 4 tenen knoflook, gepeld en in dunne plakjes gesneden
- 2 wortelen, geschild en in dunne plakjes gesneden
- 4 grote tomaten, grof gehakt
- 1 eetlepel tomatenpuree
- 2 verse laurierblaadjes
- een klein bosje verse bladpeterselie
- 1 blik van 400 g gehakte tomaten
- rodewijnazijn
- zeezout en zwarte peper uit de molen
- desgewenst Griekse extra vierge olijfolie

Dit klassieke gerecht kent talloze lokale varianten, maar in feite is het niets anders dan het Griekse antwoord op onze witte bonen in tomatensaus! 'Gigantes' betekent reus en 'plaki' betekent bakken. In sommige recepten wordt ook vis en worst verwerkt (ik gebruik bacon), dus je kunt deze bonen als je wilt op diverse manieren aankleden om er meer een hoofdgerecht van te maken.

Ik gebruik gedroogde bonen die ik een nacht in de week heb gelegd, maar als je daar geen tijd voor hebt, kun je ook een pot of blik voorgekookte grote witte bonen kopen. Als je kant-en-klare bonen gebruikt, kun je de eerste alinea van het recept overslaan. Ik moet wel zeggen dat het extra bijzonder wordt als je de tijd neemt om je eigen bonen te wellen. Ik doe tijdens het koken soms een bouquet garni van bleekselderij, prei, tijm, rozemarijn, laurier en kerstomaatjes bij de bonen om ze een extra subtiele smaak en geur te geven. Mocht je ze in huis hebben, dan kan ik het zeker aanraden – maar zo niet, dan is er geen man overboord. De belangrijkste smaak komt later, tijdens het bakken van de bonen.

Doe de bonen de avond voordat je ze gaat koken in een grote pan met voldoende koud water om ze een paar centimeter onder te zetten, leg er de deksel op en laat ze de hele nacht wellen. Giet de bonen de volgende dag af, laat ze in een vergiet uitlekken, doe ze terug in de pan en giet er een flinke laag vers water bij. Zet de pan op hoog vuur, draai het vuur laag zodra het water kookt en laat de bonen 1 uur heel zachtjes pruttelen tot ze zacht en gaar zijn. Schuim het water tijdens het koken een paar keer af. Als de bonen wat ouder zijn, kan het zijn dat ze iets meer tijd nodig hebben, maar dat is normaal. Het belangrijkste is dat ze goed gaar en lekker zacht zijn. Laat de gare bonen in een vergiet uitlekken en zet ze even opzij.

Verhit de oven intussen tot 180 °C (gasovenstand 3), doe een scheut olijfolie in een grote braadpan op matig vuur en bak de gehakte ui en de stukjes bacon ongeveer 5 minuten tot de uisnippers zacht, maar nog niet verkleurd zijn. Doe er vervolgens de plakjes knoflook bij, laat nog een paar minuten bakken en voeg dan de wortel, de gehakte verse tomaten, de tomatenpuree en de laurierblaadjes toe. Hak de peterselie fijn en roer die er ook door. Doe er vervolgens de gehakte tomaat uit blik bij, vul het blik met water en giet dat ook in de pan. Voeg naar smaak een scheutje rodewijnazijn en een flinke snuf zout en peper toe. Roer alles goed door elkaar en laat het 10 minuten zachtjes pruttelen.

Doe nog een flinke snuf zout en peper in de pan en kieper er de uitgelekte bonen bij. Roer alles goed door elkaar, leg de deksel op de pan en zet hem 1 uur in de hete oven, tot de bonen echt heel zacht zijn en een groot deel van het vocht hebben geabsorbeerd. Proef en voeg eventueel nog wat extra zout en peper toe. Je kunt deze bonen warm of koud serveren (ik vind warm lekkerder), maar sprenkel er hoe dan ook een scheutje extra vierge olijfolie van goede kwaliteit over. Deze bonen zijn waanzinnig lekker met een kommetje verkruimelde feta met oregano, als mezze of als bijgerecht bij gegrild vlees of gebakken vis... ze zijn eigenlijk enorm veelzijdig!

Ik weet niet wat Griekse honing zo bijzonder maakt, maar deze imkers legden me wel uit dat bijen enorm gevoelige insecten zijn. Misschien zijn de beestjes in de mediterrane zon wel het meest in hun element en maken ze er daarom de lekkerste honing.

FILODEEGPAKKETJES MET FETA EN HONING

Voor 4 personen

- 300 g feta, verkruimeld
- 2 eetlepels Griekse extra vierge olijfolie, plus wat extra om te kwasten
- 4 theelepels vloeibare honing, plus wat extra voor erbij
- 2 theelepels gedroogde oregano
- 8 vellen filodeeg
- 4 takjes verse tijm, alleen de blaadjes
- een paar theelepels geroosterde sesamzaadjes, voor erbij
- olijfolie

Het contrast qua smaak en structuur van dit heerlijke kleine hapje uit restaurant Agnanti is echt geweldig. Nou ben ik toch al jaren kok, maar filodeeg blijft wat mij betreft een van de spannendste producten die er is. Het is vrij delicaat, maar als je vlug werkt, kun je er de mooiste en lekkerste gerechten mee maken. Dit is het soort hapje dat je in Griekenland veel in kraampjes op straat tegenkomt. Omdat ketens als Pret a Manger en Starbucks er (vooralsnog) niet te vinden zijn, is een goede kop koffie met een hapje zoals dit nog altijd de normale gang van zaken. Je zou misschien denken dat een nogal zoutige kaas als feta ongeschikt is om met honing te combineren, maar niets is minder waar. Het is juist een perfect koppel. Er is wel een kleine identiteitscrisis, omdat onduidelijk is of het nou een dessert of een kaasgang is, maar eigenlijk zijn ze voor beide even geschikt. Als je twijfelt, is het gewoon de perfecte tussenoplossing! Kijk voor een filmpje over hoe ze gemaakt worden op www.jamieoliver.com/how-to en probeer het zelf ook eens.

Meng de feta, de extra vierge olijfolie, de honing en de oregano in een kommetje en zet ze opzij. Leg voor elk pakketje een vel filodeeg voor je neer en kwast het in met een klein beetje extra vierge olijfolie. Strooi er een paar tijmblaadjes over en leg er een tweede vel deeg op. Snijd de vellen in breedte doormidden zodat je de basis voor 2 pakketjes hebt. Herhaal dit nog drie keer zodat je in totaal 8 velletjes deeg hebt.

Verdeel het fetamengsel in 8 porties, schep de vulling midden op de stukjes deeg, druk de hoopjes voorzichtig een beetje plat met de achterkant van een lepel en maak er nette rechthoekjes van. Vouw de twee lange kanten van het deeg eerst over de vulling heen en maak er vervolgens een net pakketje van – je kunt er als je wilt ook een soort kerstcadeautje van maken, dat maakt mij niet uit. Rooster de sesamzaadjes een paar minuten in een droge koekenpan met antiaanbaklaag op matig vuur tot ze goudbruin zijn en heerlijk ruiken en zet ze even opzij.

Op dit moment kun je twee dingen doen. Je kunt een klein beetje extra vierge olijfolie over de pakketjes sprenkelen, ze op een ingevette bakplaat leggen en ze op 200 °C (gasovenstand 6) in de oven goudbruin en krokant bakken. Maar je kunt ze ook frituren. Giet in het laatste geval een laagje van een halve centimeter olijfolie in een grote koekenpan en zet hem op matig vuur. Omdat hete olie bloedlink is, moet je de pan wel heel goed in de gaten houden en niet bewegen. Leg wanneer de olie op temperatuur is de pakketjes heel voorzichtig met de gevouwen kant naar beneden in de pan, en bak het gelaagde deeg mooi goudbruin. Keer ze om en bak ze vervolgens ongeveer een minuut tot ook de andere kant goudbruin is.

Schep de pakketjes voorzichtig met een schuimspaan uit de oven of de pan en laat ze op een stuk keukenpapier uitlekken. Leg ze op 4 bordjes en maak ze af met een flinke scheut vloeibare honing en de geroosterde sesamzaadjes. Heerlijk als dessert, als kaasgang of met een plukje groene sla met citroendressing als spannend tussendoortje.

ZALIG ZOETE HONINGKOEK MET PISTACHENOOTJES

Voor 10-12 personen

Voor de koek

- 5 grote eieren, liefst vrije uitloop of biologisch
- 2,25 dl Griekse yoghurt
- 225 g fijne tafelsuiker
- 75 g gemalen amandelen
- geraspte schil van 1 citroen
- geraspte schil van 1 sinaasappel
- 150 g bloem, plus wat extra om te bestuiven
- 200 g griesmeel
- 2 afgestreken theelepels bakpoeder
- 2 dl lekker romige, milde olijfolie, plus wat extra om in te vetten

Voor de topping

- 150 g gepelde pistachenoten
- 1½ dl vloeibare honing van goede kwaliteit

Voor erbij

- 2 bakjes aardbeien, zonder kroontjes, in grove stukjes gehakt
- Griekse yoghurt

Toen ik dit recept in Griekenland klaarmaakte, gebruikte ik prachtige pistachenoten van het eiland Aegina en honing van een alleraardigste, lokale imker. Omdat ik als het even kan altijd lokale producten gebruik, besloot ik om in dit geval in plaats van boter zalige Griekse olijfolie te nemen. Het beslag maak ik van een mengsel van bloem en griesmeel. Dat is vrij ongebruikelijk, maar ik vind dat het de koek een heel interessante structuur geeft.

Verhit de oven tot 180 °C (gasovenstand 3). Meng alle ingrediënten voor de koek in een grote kom. Vet een bakblik van 22 x 29 centimeter in met een beetje olijfolie, stuif er wat bloem op en schud het blik even flink heen en weer. Schraap het mengsel uit de kom in het blik en strijk het oppervlak met een spatel glad.

Bak de koek 25 tot 30 minuten in de hete oven tot hij gaar en goudbruin is. Controleer of hij gaar is door er een prikker in te steken. Als de prikker er droog en schoon uitkomt, is de koek klaar en moet je hem nog ongeveer een halfuur af laten afkoelen.

Rooster de pistachenoten vlak voor het serveren in een droge steelpan op matig tot laag vuur. Stamp een paar van de nootjes met een deegroller fijn als ze kleur beginnen te krijgen en heerlijk ruiken en doe ze terug in de pan. Schenk de honing in de pan en schud de hele boel flink door elkaar. Snijd de geraspte citroen en sinaasappel doormidden, knijp ze uit boven de pan en laat het mengsel tot een dik, siroopachtig mengsel inkoken. Haal het niet in je hoofd de siroop te proeven, die is namelijk bloedheet en kan lelijke brandwonden veroorzaken.

Prik over het hele oppervlak gaatjes in de koek zodat de siroop er goed in kan doordringen, schenk er de pistachenootjes en hete siroop over en strijk het mengsel met een spatel uit. Zorg ervoor dat het mooi gelijkmatig is zodat de honing optimaal opgezogen wordt. Het ziet er in eerste instantie een beetje klef uit, maar als je de koek 15 minuten laat staan, komt alles goed. Geloof me.

Snijd de koek terwijl hij nog een beetje warm is in punten en serveer er stukjes aardbei en een flinke lepel Griekse yoghurt bij. Hemels!

ΤΖΩΝΗΣ
50 ΧΡΟΝΙΑ
ΕΓΓΥΗΣΗ
ΤΟ ΝΤΟΠΙΟ ΚΡΕΑ

OCTOPUS In Griekenland houden ze waarschijnlijk meer van **octopus** dan in enig ander land rond de Middellandse Zee, en er zijn dan ook talloze inventieve recepten en kooktechnieken om ze klaar te maken. Wat ze bijvoorbeeld vaak doen, is de octopus aan een lijn te drogen hangen, hem vervolgens heel langzaam barbecueën of in zijn geheel koken, in stukjes hakken en door een mengsel van kruiden husselen. Qua smaak en structuur houdt octopus een beetje het midden tussen inktvis en kreeft.

VERSE CITROENEN, INGEMAAKTE VRUCHTEN EN WILDE GROENTES **Citroenen** worden in bijna elk Grieks gerecht verwerkt. In sauzen, in dressings of met ei vermengd om stoofpotten te binden. Vruchten als kersen, vijgen, sinaasappels en kweeperen worden in suikersiroop **ingemaakt** en als borrelhapje of appetizer geserveerd. **Wilde groentes** worden in hartige taarten en stoofschotels verwerkt.

OLIJFOLIE **Olijfolie** is een van de belangrijkste ingrediënten in de Griekse en mediterrane keuken. De olie is overwegend biologisch. De nieuwe olie van het seizoen wordt *agourelaio* genoemd en is felgroen en fruitig. De consumptie van olijfolie behoort in Griekenland tot de hoogste ter wereld.

FETA

Feta is de beroemdste van alle Griekse kazen en wordt gemaakt van schapenmelk of heel soms van een combinatie van schapen- en geitenmelk. Goede kwaliteit feta wordt in houten vaten in pekel ingelegd, en de structuur en smaak lopen uiteen van zacht en romig tot hard en scherp. Feta wordt niet alleen verwerkt in salades en bladerdeegtaarten, maar ook in zoete gerechten.

GRIEKSE YOGHURT EN HONING

Dikke Griekse **yoghurt** is enorm veelzijdig en wordt veel gebruikt voor marinades, koeken, sauzen, taarten en hartige gerechten, maar hij wordt ook vaak geserveerd met fruit en honing. De meeste Griekse **honing** komt van de eilanden. Hij wordt veel gebruikt als zoetstof voor taarten en desserts, of om over fruit en yoghurt te sprenkelen.

OUZO, VERSE TOMATEN EN GEDROOGDE OREGANO

Ouzo is een helder en sterk anijsdrankje dat wordt gestookt uit druiven. Het wordt op smaak gebracht met diverse kruiden en specerijen, zoals steranijs, koriander, kruidnagel, karwij, citroenschil, venkel en mastiek. Het wordt traditioneel geschonken bij mezze en wordt dan vaak met water aangelengd. **Tomaten** staan echt in elk Grieks restaurant op de kaart. Ze vormen het hoofdbestanddeel van stoofpotten, worden vaak gevuld en maken vanzelfsprekend deel uit van de wereldberoemde Griekse salade. In bijna elk huis in Griekenland hangt een bos gedroogde **oregano**, een kruid dat dankzij het droge, zonnige klimaat in Griekenland, extreem intens van smaak is. Het wordt gebruikt voor gerechten variërend van gegrild vlees en groentes tot stoofpotten.

Slow Food
Food • Slow Food • Slow Food
ΚΛΕΦΤΕΣ
131207

F

FRANKRIJK

1 a 2. Truffe du
7 a 8. T. du Gard.

CAUSSADE
semences

FRANKRIJK

In mijn jonge jaren heb ik stage gelopen in een chic hotel in Frankrijk. Hoewel het erg zwaar was, heb ik er enorm veel geleerd en heeft die periode mij de ogen geopend voor wat door velen als de beste keuken ter wereld wordt beschouwd.

De klassieke technieken waar ik in die tijd kennis mee maakte, zijn me altijd bijgebleven en komen in elke keuken en bij elke kooktechniek van pas. Ik moet echter wel zeggen dat mijn liefde voor de lineaire, enigszins elitaire benadering van de Franse keuken zoals je die in Michelinzaken tegenkomt door de jaren heen geleidelijk minder is geworden.

Tijdens dit reisje wilde ik over de Franse keuken leren aan de hand van huis-, tuin- en keukenkoks in plaats van chefs. Ik wilde deze keer met Franse moeders en oude kerels de keuken in, en niet zozeer toekijken hoe een grootmeester aan het werk was. Ik koos ervoor om aan het eind van de herfst een paar dagen naar de Midi-Pyrénées, in het zuidwesten van Frankrijk, te gaan. Zoals de naam al doet vermoeden, grenst de streek aan de Pyreneeën, waardoor het natuurschoon werkelijk overweldigend is. De Midi-Pyrénées bestaat uit meerdere departementen die elk onderverdeeld zijn in kleinere *pays* of regio's. Dankzij de vele nogal autonoom ingestelde gemeenschappen kom je in bijna elke plaats eigen versies tegen van de talrijke eenvoudige streekgerechten. Dankzij deze trip sta ik weer helemaal open voor de Franse keuken.

De streek behoort tot de meest zonnige streken van Frankrijk, en hoewel het weer dankzij de bergen nogal onvoorspelbaar kan zijn, is het klimaat over het algemeen buitengewoon geschikt voor landbouw. Mede daardoor zijn er in de Midi-Pyrénées meer boerenbedrijven dan waar ook in Frankrijk. De ingrediënten op lokale markten zijn sterk seizoenafhankelijk, en hetzelfde geldt voor de wilde producten die in de bossen te vinden zijn. Zo trof ik er in de periode dat ik er was heerlijke wilde sla, paddenstoelen, everzwijn en zelfs een paar zalige, peperdure zwarte truffels, opgegraven door een jong varken dat nog maar een week aan het werk was. Denk daar een glas donkerrode wijn bij waar de streek zo beroemd om is, en het leven kan nauwelijks beter.

Hoewel de hoofdstad van de regio, Toulouse, groot en erg druk is, bestaat de streek verder overwegend uit rustige plaatsjes en kleine, natuurstenen dorpjes langs de vele rivieren en meren die dit bergachtige gebied rijk is. Zoals je op de foto's in dit hoofdstuk kunt zien, is het er echt enorm pittoresk en schilderachtig. De lokale bevolking is het spreekwoordelijke 'zout der aarde' en echt buitengewoon gastvrij. Ik schaamde me een beetje dat het keukenfrans dat ik ooit beheerste me in de steek liet, maar dat bleek niet veel uit te maken. De mensen bij wie ik te gast was, maakten er absoluut geen probleem van en de communicatie met handen en voeten ging prima. Tijdens deze trip heb ik de boerenkeuken absoluut herontdekt, en heb ik een aantal overheerlijke, ongecompliceerde gerechten leren kennen die iedereen een keer zou moeten proberen.

Hoewel het niet eenvoudig was recepten voor dit hoofdstuk te selecteren, heb ik toch een paar favorieten uitgekozen. Ik heb geprobeerd naast de stevige streekkeuken ook typische lokale specialiteiten zoals gedroogde en gezouten vleeswaren, prachtige kazen en heerlijk wild aan bod te laten komen. Er zitten echte klassiekers bij, zoals varkensterrine, confit de canard en pot-au-feu, maar ook een aantal heerlijke salades op basis van ingrediënten die ik op de markt tegenkwam, en een eenvoudige maar voedzame courgettegratin. Een hoofdstuk over Frankrijk is verder natuurlijk niet compleet zonder een aantal heerlijke desserts, waaronder mijn versie van de beroemde kleverige tarte Tatin en – als *pièce de résistance* – een zalige crème caramel. Omdat Fransen erom bekendstaan dat ze erg aan hun klassiekers hechten, heb ik me zo veel mogelijk aan de oorspronkelijke recepten gehouden, met hier en daar een 'lokaal' tintje (oké, ik geef toe dat ik de term 'lokaal' in dit geval vrij ruim interpreteer).

In Frankrijk worden de integriteit en waardigheid van lokale producten en producenten gekoesterd. Kaas, boter, wijn en andere landbouwproducten met historie en traditie worden beschermd door middel van het AOC-keurmerk (Appellation d'Origine Contrôlée, of gecontroleerde plaats van herkomst). Dit betekent bijvoorbeeld dat ambachtelijk producenten van roquefort hun kaas uitsluitend op traditionele wijze mogen maken, dat de ingrediënten uit de streek moeten komen en dat de kazen gerijpt moeten zijn in dezelfde kelders in Roquefort-sur-Soulzon waar dat al eeuwen gebeurt. Alleen dan mag een kaas roquefort heten.

Ik ben een groot voorstander van dat systeem, omdat je er niet alleen de kwaliteit van het voedsel mee beschermt, maar er tegelijk de lokale tradities mee veiligstelt. Het is erg jammer dat we het in Engeland niet kennen. Denk je eens in hoe het zou zijn als cheddar uitsluitend op traditionele wijze in het plaatsje Cheddar gemaakt zou mogen worden. Dat zou de streek tot een parel aan de kroon van de Britse culinaire wereld maken, en een hoop extra inkomsten, toerisme en werkgelegenheid opleveren. Het zou daarnaast betekenen dat kazen uit andere streken gedwongen zijn een eigen positie op de markt te veroveren, met nog meer trotse producenten en heerlijke kazen dan we nu al hebben tot gevolg! Het is een kwestie van zoeken naar de gulden middenweg tussen behoud van waardevolle tradities en vooruitgang.

JP CADEL
LETTRES

3 €

STEAK TARTARE

Voor 4 personen

- 400 g biefstuk van goede kwaliteit
- 2 kleine sjalotten, gepeld
- 1 volle eetlepel cornichons of augurk
- 1 theelepel kappertjes
- een paar takjes verse bladpeterselie
- 1 grote eidooier, liefst vrije uitloop of biologisch
- 1 flinke eetlepel grove mosterd
- zeezout en zwarte peper uit de molen
- wittewijnazijn
- extra vierge olijfolie
- sneetjes geroosterd boerenbrood, voor erbij

De eerste keer dat ik steak tartare at, was toen ik rond mijn zeventiende in Frankrijk in een restaurant werkte. Toen we op een dag naar beneden gingen voor het personeelseten, stond er een schaal met enorme berg rauwe tartaar op tafel. Omdat iedereen erg enthousiast was, vond ik dat ik het in elk geval moest proberen, en wat bleek? Na een hap was ik verkocht. Laat je niet afschrikken door het feit dat het vlees rauw is. Ik beloof je, als je prachtig vers vlees gebruikt, is dit echt een van de lekkerste dingen die er is.

De Fransen hebben tartaar min of meer geclaimd, maar er bestaan wereldwijd talloze varianten van dit gerecht. De Italianen maken hun rauwe rundvlees bijvoorbeeld aan met topjes tijm, extra vierge olijfolie en geraspte Parmezaanse kaas, terwijl ze in Libanon een soortgelijk gerecht maken van vers lamsvlees, Spaanse peper en munt. Door het vlees met de hand te hakken krijg je verschillende structuren, en je kunt er zo veel ingrediënten aan toevoegen als je zelf wilt. Veel mensen gebruiken uitsluitend ossenhaas om tartaar te maken, maar zolang je vlees van goede kwaliteit en lekker vers is, kan het net zo goed met een goedkoper stuk zoals biefstuk.

Snijd en hak het vlees op een grote houten snijplank in heel kleine, malse stukjes. Schuif het vlees aan de kant en hak de sjalotten, cornichons, kappertjes en peterselie fijn. Schuif er het vlees bij en hussel en hak alles door elkaar. Maak er een hoopje van met een kuiltje in het midden, en doe daar de eidooier en de mosterd in. Strooi er een snufje zout en peper op en werk alles goed door elkaar.

Proef een hapje en doe er naar smaak een scheutje azijn en extra vierge olijfolie bij (als je mooie jonge olie hebt, is dit een uitstekend gerecht om er goede sier mee te maken). Meng alles nogmaals goed door elkaar, proef een hapje en zet de tartaar als je tevreden bent met een paar sneetjes geroosterd boerenbrood met een drupje extra vierge olijfolie op tafel. Heerlijk als voorgerecht, maar ook uitstekend geschikt als tussendoortje.

PS Als je deze Franse klassieker eenmaal hebt geprobeerd, zou je het rundvlees ook eens kunnen vervangen door vers herten-, lams- of buffelvlees, en experimenteren met verschillende kruiden en smaken. Waar het om gaat, is dat je een mooi stuk vlees met spannende ingrediënten optimaal op smaak brengt. Leef je uit!

DE BEDARRIDES
Henri BELLON
0,5Litre

RADIJSSALADE MET GEROOKTE EENDENBORST

Voor 4 personen
als voorgerecht

- 4 grote zwarte radijzen, daikons of wortelen, of een komkommer
- 250 g gemengde radijzen - kleintjes en grote
- 1 gerookte eendenborst (ongeveer 300 g), in dunne plakjes gesneden
- een mooi boerenbrood, voor erbij

Voor de dressing

- een heel klein bosje verse bladpeterselie, met steeltjes en al fijngehakt
- 2 sjalotten of ½ rode ui, gepeld en geraspt
- 2 eetlepels rodewijnazijn
- 6 eetlepels extra vierge olijfolie
- zeezout en zwarte peper uit de molen

Op een boerenmarkt in Cahors kwam ik een kraampje tegen met de meest waanzinnige soorten radijzen: groot, klein, rood, zwart... allemaal even prachtig. Als je een beetje aandacht besteedt aan het schoonmaken en de grotere exemplaren in grove stukjes hakt, de middelgrote in dunne plakjes snijdt en de kleintjes halveert, krijg je een frisse salade met uiteenlopende spannende kleuren en structuren.

De plaatselijke charcuterie had prachtige gerookte eendenborst in de aanbieding, dus die kon ik niet laten liggen. Helaas is dat in Engeland vrij lastig te krijgen - hier ben je er echt voor op een gespecialiseerde poelier of internet aangewezen. Maar laat je daardoor niet afschrikken. Deze salade is ook erg lekker met bresaola of met een ander soort gedroogd of gerookt wild. Waar het wat mij betreft om gaat bij deze salade, is het prachtige contrast: de soepele, rijke structuur van de gerookte eend en de sappige, knapperige frisheid van de peperige radijzen.

Was de radijzen en schrob ze goed schoon. Als je wortelen gebruikt, moet je die schillen en in dunne ronde plakjes snijden. Als je komkommer gebruikt, moet je die in de lengte doormidden snijden, er de waterige zaadjes uitscheppen en het vruchtvlees in dunne plakjes snijden. Als je zwarte radijzen hebt kunnen vinden, moet je die schillen en in ronde schijfjes snijden. Snijd kleinere radijsjes doormidden, maar laat de allerkleinste heel, snijd middelgrote en grote exemplaren in onregelmatige, grove plakjes, en doe ze allemaal bij elkaar in de kom.

Doe de gehakte peterselie, de geraspte sjalotten, de rodewijnazijn en de extra vierge olijfolie in een jampotje of kleine kom. Doe er een flinke snuf zout en peper bij, roer goed en proef of de dressing goed op smaak is. Doe er eventueel nog wat extra azijn of andere kruiderij bij. Doe de plakjes eend bij de radijzen in de kom, sprenkel er de dressing over en hussel alles met schone handen door elkaar.

Geef er een stuk knapperig brood bij en serveer de salade meteen, terwijl de radijsjes nog lekker knapperig zijn.

VARKENSTERRINE

Voor 10-12 personen

- 1½ kilo varkensvlees - een mix van nek, schouder en een klein beetje poot, de beste kwaliteit die je je kunt veroorloven, grof gehakt
- 100 g varkens- of kippenlever, de beste kwaliteit die je je kunt veroorloven
- 100 g gerookte spekreepjes, de beste kwaliteit die je je kunt veroorloven
- een klein bosje verse tijm, alleen de blaadjes
- een bosje verse bladpeterselie, fijngehakt (met steeltjes en al)
- ½ theelepel gemalen kruidnagel
- 1 hele nootmuskaat, om te raspen
- 3 of 4 kleine laurierblaadjes
- een flinke hand broodkruim van goede kwaliteit
- 1 afgestreken theelepel witte peper
- zeezout

Tenzij je bij een exceptionele, ambachtelijke producent terechtkunt, gaat er eigenlijk niets boven een varkensterrine die je zelf hebt gemaakt. Ik heb in dit geval geen traditionele terrinevorm gebruikt (waar het gerecht wel zijn naam aan te danken heeft) omdat bijna iedereen wel een lage, ronde schaal in huis heeft. Als je een ovenschaal van ongeveer 5 centimeter diep gebruikt, is de terrine ongeveer in de aangegeven tijd klaar.

Dankzij de mix van verschillende soorten vlees krijgt het een spannende consistentie en wordt het extra lekker. Je kunt je slager vragen of hij het voor je door de gehaktmolen haalt, maar je kunt het ook zelf in de keukenmachine in stukjes hakken. Hak een deel heel fijn en laat een deel lekker grof. Als je de terrine in de vorm laat zitten en hem goed afdekt, blijft hij in de koelkast met gemak een week goed.

Haal het vlees ongeveer 20 minuten van tevoren uit de koelkast om het op kamertemperatuur te laten komen en verhit de oven tot 160 °C (gasovenstand 2-3). Hak de lever en de spekreepjes in de keukenmachine tot een fijne puree en doe ze samen met het gehakte varkensvlees in een kom. Doe er de tijm, de peterselie en de gemalen kruidnagel bij en rasp er de helft van de nootmuskaat over. Rol de laurierblaadjes strak op, hak ze fijn en doe ze samen met de broodkruimels, de witte peper en 3 flinke snuffen zeezout bij het vleesmengsel in de kom.

Kneed en wrijf het mengsel met schone handen heel goed door elkaar. Ik raad je aan een ronde, aardenwerken ovenschaal te gebruiken, omdat de aangegeven tijden dan het best kloppen - een 5 centimeter diepe schaal met een diameter van ongeveer 26 centimeter is perfect. Schep de schaal flink vol en druk het oppervlak stevig aan.

Zet de schaal in een grote braadslede en creëer een soort bain-marie door hem tot halverwege de rand van de ovenschaal met water te vullen. Zet de terrine zo 1 uur en 15 minuten in de oven en laat hem langzaam gaar worden. Je kunt controleren of hij klaar is door er met een mes in te prikken. De terrine is perfect als het sap dat eruit komt mooi helder is. Schrik niet als hij tijdens het bakken een beetje gekrompen is, want dat is normaal. Haal de braadslede in zijn geheel uit de oven en laat de terrine au bain-marie afkoelen. Giet het sap uit de vorm onder geen beding af. Dat is namelijk heel belangrijk om de afgekoelde terrine smeuïg te houden. Dek de terrine als hij volledig afgekoeld is af met keukenfolie en zet hem zolang in de koelkast.

Ik zet een terrine meestal gewoon op tafel en serveer hem in partjes, met een salade van cornichons, radijs en witlof met een dressing van rodewijnazijn en extra vierge olijfolie. Houd bij het bepalen van wat je erbij serveert rekening met het broodnodige contrast in smaak en structuur. Geef er een lepeltje mosterd, een paar sneetjes warme toast en een glas heerlijke Franse Malbec bij, en je hebt het helemaal voor elkaar.

Ik vind het echt helemaal te gek dat in Frankrijk zelfs in de kleinste gehuchten fantastische, wekelijkse markten worden gehouden waar je niet alleen de mooiste seizoenproducten kunt krijgen, maar waar ook lokale producenten staan die specialiteiten als deegwaren, kazen en charcuterie aan de man proberen te brengen. Boodschappen doen op zulke markten is het ultieme blijk van waardering voor wat deze mensen doen.

CHARCUTERIE

CAFE DU COMMERCE

le double déci
Maté Vert
2€ le double déci
Basilic
le double déci
Infusion Fantasia
agrumes
5€ le double déci
Tisane des 40 sous
rafraîchissante
5€ le double déci

SALADE VAN DE MARKT MET WALNOTEN EN RUSTIEKE CROUTONS MET GEITENKAAS

Voor 4 personen

- 4 flinke handen lamsoren
- de binnenste blaadjes van een krop frisée
- 1 klein stronkje witlof, in losse blaadjes
- 1 bosje radijzen
- een zuurdesembrood
- een flinke hand gepelde walnoten
- 150 g zachte geitenkaas

Voor de dressing

- 2 kleine sjalotten, gepeld en in flinterdunne ringen gesneden
- 4 eetlepels walnootolie
- 2 eetlepels extra vierge olijfolie
- 2 of 3 eetlepels rodewijnazijn
- een paar takjes verse bladpeterselie, fijngehakt
- een flinke snuf zeezout en zwarte peper uit de molen

Deze salade is de eenvoud zelve en ik ben er echt gek op. De ingrediënten van het oorspronkelijke recept waren allemaal afkomstig van een lokale markt, maar je kunt er ook andere verse blaadjes en knapperige groentes voor gebruiken. Het lijkt misschien op verspilling, maar de buitenste, groene blaadjes van een krop frisée zijn echt heel bitter. Gooi die dus weg en gebruik voor je salade alleen de frisse gele blaadjes.

Als je er de stukjes geroosterd brood naast serveert, of ze als croutons over de salade brokkelt, is dit een prima lunch- of voorgerecht. Sinds ik terug ben, heb ik het al meerdere keren voor mijn kinderen gemaakt, al dan niet met kliekjes vlees erbij. Ze smullen ervan!

Laat om te beginnen een grillpan goed heet worden. Was alle slablaadjes, slinger ze goed droog en doe ze in een grote kom. Snijd grotere radijzen in plakjes, laat de kleinere heel en doe ze bij de sla in de kom.

Mix de ingrediënten voor de dressing in een jampotje, proef of hij goed op smaak is, doe er eventueel nog een extra scheutje azijn of snufje zout bij en zet hem even opzij.

Snijd het brood in de lengte in 8 lange dunne plakken. Rooster ze in de hete grillpan en keer ze om de paar minuten om totdat er aan beide kanten mooie schroeistreepjes op zitten (als je dat makkelijker vindt, kun je ze ook in de oven leggen). Hak terwijl de broodjes liggen te roosteren de walnoten in zo klein mogelijke stukjes en strooi ze over de salade.

Haal de geroosterde broodjes als ze naar wens zijn uit de pan en breek ze in onregelmatige stukjes. Besmeer de stukjes brood met geitenkaas. Maak de salade aan met de dressing, zet de kom midden op tafel, leg de broodjes eromheen en laat iedereen zelf opscheppen.

WEERGALOOS MOOIE, WARME KWARTELSALADE

Voor 4 personen
als hoofdgerecht,
of voor 8 als voorgerecht

- olijfolie
- 4 kwartels
- zeezout en zwarte peper uit de molen
- 4 dikke plakken boerenbrood
- een paar takjes verse rozemarijn, alleen de blaadjes
- 2 tenen knoflook, ongepeld
- 4 plakken gerookte, doorregen bacon, de beste kwaliteit die je je kunt veroorloven
- 2 flinke handen blauwe of gemengde, pitloze druiven
- rodewijnazijn
- extra vierge olijfolie
- een paar handen lamsoren, gewassen en droog geslingerd
- een paar handen van de binnenste gele blaadjes van een krop frisée, gewassen en droog geslingerd
- een paar handen waterkers, gewassen en droog geslingerd
- 1 stronk rode witlof of radicchio, gewassen en fijngesneden

Waar ik ook naartoe ga, ik maak altijd en overal warme salades - het heeft gewoon iets heel speciaals om lekker frisse blaadjes op het laatste moment aan te maken met een heerlijk warm, gebakken element. Bij het maken van een warme salade is het zaak dat je gasten al aan tafel zitten, omdat hij op z'n lekkerst is als je hem net hebt aangemaakt. Ik gebruik in dit geval kwartel, maar een piepkuiken, houtduif of zelfs de gekonfijte eendenbouten van blz. 324 leveren een minstens even lekker resultaat op. Ik vind het heerlijk om het vlees tegelijk met de croutons te bakken omdat ze dan zo veel mogelijk smaak absorberen. De dressing maak ik in de braadslede met behulp van het kleverige aanbaksel dat je normaal gesproken van de bodem schraapt; zo krijg je zo veel mogelijk smaak terwijl je met zo min mogelijk afwas blijft zitten!

Verhit de oven tot 180 °C (gasovenstand 4). Sprenkel olijfolie over de kwartels, strooi er royaal zout en peper op en wrijf de vogeltjes goed in.

Scheur het brood in stukjes van ongeveer 2 centimeter en strooi ze met de rozemarijnblaadjes in een grote braadslede. Druk de tenen knoflook met de zijkant van een mes plat, gooi ze bij de stukjes brood, sprenkel er wat olijfolie over en leg de kwartels erop. Leg een plakje bacon op de borst van elk vogeltje. Zet de braadslede in de hete oven en braad de kwartels 35 tot 40 minuten, of tot de plakjes bacon krokant en goudbruin zijn en de kwarteltjes goed gaar (trek om dat te controleren aan een pootje - als het makkelijk van het lijf loskomt en het vlees in vlokken uit elkaar valt, zijn ze goed).

Haal de braadslede uit de oven, leg de kwarteltjes voorzichtig op een plank en snijd ze met een groot slagersmes in de lengte doormidden. Leg ze terug in de braadslede en schuif alles naar één kant. Knijp de tenen knoflook uit en gooi de velletjes weg. Schuif aan de kant van de croutons en dergelijke een plank onder de braadslede, zodat al het sap zich aan de andere kant verzamelt.

Neem de druiven in je hand, knijp ze fijn en gooi ze bij het sap in de braadslede. Wrijf de druiven goed over de bodem om zo veel mogelijk van het heerlijke aanbaksel los te maken. Doe er een royale snuf zout en peper, een flinke scheut rodewijnazijn en een scheut extra vierge olijfolie bij, proef een likje en breng de dressing eventueel nog wat verder op smaak. Roep iedereen aan tafel, leg de slablaadjes op de warme dressing en hussel de hele boel, inclusief de kwartels en croutons, voorzichtig door elkaar. Schep alles op een grote schaal of zet de salade zo op tafel als je braadslede er leuk uitziet.

PS De aangegeven tijden gelden voor kwartels. Een piepkuiken heeft wat meer tijd nodig, een houtduif iets minder. Houd daar rekening mee.

ROQUEFORTSALADE MET WARME CROUTONS EN LARDONS

Voor 4 personen
als hoofdgerecht

- olijfolie
- 250 g in stukjes gesneden, gerookte bacon, de beste die je je kunt veroorloven, zonder zwoerd
- 2 dikke plakken zuurdesembrood, in blokjes van 1 cm gesneden
- 4 flinke handen lamsoren, waterkers of rucola, gewassen en droog geslingerd
- 2 flinke handen radicchio, gewassen en droog geslingerd
- een flinke hand gepelde walnoten, gehalveerd en in dunne plakjes gesneden
- een bosje vers bieslook, fijngehakt
- 100 g roquefort

Voor de dressing

- 6 eetlepels extra vierge olijfolie
- 2 eetlepels rodewijnazijn
- 1 eetlepel dijonmosterd
- zeezout en zwarte peper uit de molen

Roquefort is niet alleen een fantastische kaas, er zit ook een leuk verhaal achter. Een paar honderd jaar geleden zat een jongen op een dag een stuk kaas te eten in het bos toen hij een heel mooi meisje voorbij zag lopen. Hij besloot een poging te wagen, verstopte zijn kaas zolang in een grot en rende achter het meisje aan. Toen hij een paar weken later terugkeerde om zijn kaas op te halen, bleek die zwaar beschimmeld te zijn, maar tegelijkertijd ook heel goed gerijpt. Sinds die tijd moet authentieke roquefort in dezelfde grotten van Mont Combalou, in Roquefort-sur-Soulzon, gerijpt worden. Geniaal!

In deze salade komen de roquefort en enkele andere fantastische Franse ingrediënten - die ook in andere landen verkrijgbaar zijn - optimaal tot hun recht. Het is de moeite waard om voor de gerookte bacon naar de slager te gaan, omdat je dan om extra grote, met de hand gesneden lardons kunt vragen. De waanzinnige mosterddressing geeft de salade wat extra flair en maakt hem tot een ware hommage aan mijn Franse vrienden, en aan de man die deze heerlijke kaas bij toeval ontdekte... en er in zijn tijd hopelijk ook flink van heeft genoten!

Zet een grote koekenpan op hoog vuur en doe er als hij goed heet is een paar scheuten olijfolie in. Snijd de bacon in ongeveer 1 centimeter dikke lardons (kijk op de foto om een idee te krijgen van de grootte van de croutons en de stukjes bacon) en doe ze in de pan. Laat ze terwijl je af en toe roert ongeveer 3 minuten bakken, of tot de stukjes behoorlijk verkleurd en uitgebakken zijn. Draai het vuur iets lager, strooi de blokjes brood in de pan en bak ze 3 minuten mee tot ze mooi goudbruin en krokant zijn en het zalige vet grotendeels hebben geabsorbeerd.

Doe de extra vierge olijfolie, rodewijnazijn, dijonmosterd en een flinke snuf zout en peper in een schoon jampotje, draai de deksel er strak op, schud de dressing flink door elkaar en proef vervolgens om te controleren of de smaak goed in balans is. Omdat de bacon behoorlijk zout is en Franse dressings altijd vrij scherp zijn, is het de bedoeling dat hij op dit moment nog iets te zuur is.

Roep als je dressing helemaal naar wens is je gasten alvast aan tafel, zodat ze meteen aan kunnen vallen. Strooi de sla op een grote schaal, snipper er de radicchio over en besprenkel de blaadjes met de heerlijke, dikke dressing. Strooi er het grootste deel van de walnoten en het gehakte bieslook, en alle croutons en lardons over. Hussel alles vlug met de hand door elkaar om de blaadjes allemaal goed aan te maken.

Kruimel er met het puntje van een mes kleine klontjes roquefort over, strooi er vanaf enige hoogte de resterende walnoten en het laatste beetje bieslook op en zet de schaal op tafel.

Omdat je niet elke dag de kans krijgt om op truffeljacht te gaan met een man en zijn varken, heb ik van deze bijzondere middag echt iets speciaals proberen te maken. Het was de eerste werkweek van het varken, maar ze was erg goed. Hoewel ze nogal door het dolle heen was, wist ze toch een behoorlijk aantal prachtige zwarte truffels op te graven. Het is echt te gek dat een ingrediënt dat zo ontzettend duur en gewild is zomaar in het bos voor rijk en arm voor het grijpen ligt om de meest heerlijke gerechten mee klaar te maken (of het te verkopen).

DE KONING DER OMELETTEN (ZWARTETRUFFELOMELET)

Voor 1 persoon

- olijfolie
- 3 grote eieren, liefst vrije uitloop of biologisch
- een snufje zeezout
- een klein snufje witte peper
- 5 g verse zwarte truffel
- een klontje boter

Op deze reis zag ik een vrouw op een heel eenvoudige, maar fantastische manier een omelet bakken. Het klinkt misschien gek, maar het heeft mijn kijk op het bakken van omeletten echt totaal veranderd. In plaats van de eieren vooraf te klutsen roerde zij ze alleen heel rustig in een kom door elkaar om de dooiers stuk te maken. De omelet die ze bakte, was prachtig gemarmerd en had dankzij de bijzondere manier waarop ze het ei roerde en omschepte een waanzinnig lekkere consistentie... echt super! Voor wie wil zien hoe het in zijn werk gaat, staat er een filmpje op www.jamieoliver.com/how-to. Deze techniek is ook geschikt voor omeletten met ham, kaas, paddenstoelen of andere ingrediënten die je lekker vindt.

Ik besloot om haar methode toe te passen op een van de meest kostbare, mysterieuze en verleidelijke ingrediënten ter wereld: de zwarte truffel. Als je nog nooit verse truffels hebt geproefd, beloof ik je dat het een ervaring is die je nog lang bij zal blijven. Deze omelet is erg lekker met truffels, omdat het fluweelzachte ei en het geschaafde zwarte goud echt ideale partners zijn.

Zet een koekenpan van ongeveer 20 centimeter met antiaanbaklaag op vrij hoog vuur en sprenkel er een beetje olijfolie in. Breek terwijl de olie staat op te warmen de eieren in een kom en doe er het zout en de peper bij. Schaaf met een scherp mesje een paar vrij dikke plakjes truffel bij het ei in de kom. Nu komt het. Terwijl je de eieren op dit punt normaal gesproken zou klutsen, gaan we nu voor de nieuwe techniek: haal voorzichtig een vork door de eieren en spatel ze als het ware door elkaar, zodat je de dooiers een beetje stukmaakt en je een licht gemarmerd mengsel krijgt.

Doe een klontje boter in de pan en giet er als het gesmolten is de eieren bij. Ga doortastend en vlug te werk. Tel tot 5 en veeg het gestolde ei met een spatel of lepel van de bodem en de rand. Tel opnieuw tot 5 en herhaal dit. Keer de omelet als het ei aan de bovenkant begint te stollen om met een spatel. Leg een omgekeerd bord op de pan en keer in een vlotte beweging om. Serveer de omelet meteen en geef er een paar stukken boerenbrood en een glas wijn bij. Een betere lichte lunch is nauwelijks denkbaar.

PS Als je een verse truffel in handen krijgt en geen zin hebt om er een omelet van te bakken, heb ik een goede tip voor je. Doe een paar rauwe eieren in een luchtdicht afsluitbare pot of bak en leg de truffel erop. Als je de eieren zo een paar dagen laat staan, dringen de geur en smaak door de poreuze schaal heen en krijgen de eieren een heel subtiel, maar verrukkelijk truffelaroma.

HARTIGE KASTANJECRÊPES

Voor 4-6 crêpes

- 1 groot ei, liefst vrije uitloop of biologisch
- 1 koffiemok kastanjemeel
- 1 koffiemok volle melk
- zeezout en zwarte peper
- olijfolie
- een paar takjes verse rozemarijn, alleen de blaadjes
- 4-6 plakjes lekkere ham of prosciutto
- gruyère, om te raspen

Een hartige crêpe is altijd lekker, maar in dit geval heb ik de bloem verruild voor kastanjemeel en doe ik er heerlijke stukjes gedroogd vlees en kaas bij om het extra speciaal te maken. Kastanjemeel is echt een heel leuk ingrediënt. Het is heel fijn van structuur en van nature een beetje zoet, waardoor het uitermate geschikt is voor dessertcrêpes met chocola, ijs of fruit. Maar ik vind dat je er ook heel goed hartige crêpes mee kunt bakken - je moet er dan alleen wel voldoende zout en peper bij doen om het beslag hartig te maken. Deze crêpes zijn iets rustieker dan je gewend bent, dus maak je niet al te druk om het uiterlijk. Het gaat erom dat ze flinterdun zijn, met mooie rafelrandjes, en dat je ze lekker warm op tafel zet. Kastanjemeel is bij de meeste goede supermarkten verkrijgbaar, maar zo niet, lees dan het PS onder aan dit recept.

Breek het ei in een kom, doe er het kastanjemeel, de melk en een flinke snuf zout en peper bij en klop alles tot een glad beslag. Controleer met een lepel of het de juiste consistentie heeft, roer er nog een extra scheutje melk door als je denkt dat het te dik is en zet de kom even opzij.

Zet een middelgrote koekenpan met antiaanbaklaag op matig vuur en laat hem goed heet worden. Sprenkel een scheutje olijfolie in de pan en strooi er een plukje rozemarijnblaadjes bij. Scheur één plakje prosciutto in kleine stukjes, doe ze in de pan en blijf een minuut roeren tot alles lekker krokant is. Spreid de rozemarijn en de stukjes ham uit en schep er vervolgens een dun laagje beslag op. Bak de crêpe tot het beslag aan de rand begint te stollen en strooi er dan een dun laagje gruyère over.

Klap de crêpe zodra de onderkant mooi goudbruin is met een spatel dubbel. Strooi er nog een heel klein beetje gruyère op, keer de dubbelgevouwen crêpe om en doe hetzelfde aan de andere kant. Houd hem in beweging en laat hem nog een minuutje bakken tot de kaas lekker krokant en goudbruin is. Herhaal dit met de rest van de ingrediënten en serveer de crêpes met een frisse groene salade en een goed glas wijn als lichte lunch.

PS Je kunt zelf kastanjemeel maken door een zakje van 100 gram **vacuümverpakte kastanjes** in een keukenmachine tot fijn poeder te malen. Doe er een koffiemok **melk**, 1 **ei** en een flinke snuf **zout en peper** bij, zet de machine nog even aan en mix er 100 gram **gewone bloem** door, tot je een glad beslag hebt. Het is ook erg lekker om er voor wat extra structuur nu een handje kastanjes bij te gooien en de machine nog een paar keer kort aan te zetten.

CAHORS
2006

1
Croustilot
BATIMENTS DE FRANCE

CONFRERIE DU PAIN DU LOT
ETAIN
CROUSTILOT

4129 SV 28

Deze outfits zien er misschien een beetje vreemd uit, maar waar ze voor staan spreekt me erg aan: trots en respect voor goed voedsel en de traditionele keuken. Deze mannen zijn lid van het Broederschap van de Croustilot, dat vernoemd is naar het fantastische ambachtelijke brood dat hun organisatie al eeuwen bakt. Het spreekt voor zich dat ze hun brood buitengewoon serieus nemen. Ik geef ze groot gelijk.

BOERENBONENSOEP MET KIP

Voor 6-8 personen

- 250 g gedroogde witte bonen
- olijfolie
- 4 plakken bacon, de beste kwaliteit die je je kunt veroorloven, in dunne reepjes gesneden
- 3 uien, gepeld en in flinterdunne ringen gesneden
- 5 tenen knoflook, gepeld en in dunne plakjes gesneden
- 1 hele kip (ongeveer 1,2 kilo), liefst vrije uitloop of biologisch
- zeezout en zwarte peper uit de molen
- 1 vers laurierblaadje
- een klein bosje verse tijm
- een klein bosje verse bladpeterselie
- ½ savooiekool
- 4 wortelen, geschild en in dunne plakjes gesneden
- een mooi boerenbrood, voor erbij

Het is niet zo raar dat aan de voet van de Pyreneeën in de herfst ingrediënten als kool en bonen erg populair waren... veel anders was er dan namelijk niet te vinden. Als je ze in een fantastische, stevige soep als deze verwerkt, zet je een frisse, pure en overheerlijke maaltijd op tafel.

Wat mij betreft, is een van de mooiste dingen aan dit gerecht de waanzinnige smaak van de kippenbotten, maar als je wilt, kun je in plaats van een hele kip ook een stuk gerookte bacon of een paar kippenvleugels gebruiken. Het idee is om de eenvoudige ingrediënten op te waarderen tot een verschrikkelijk lekker soepje. Het is ook erg lekker om er op het laatste moment een handje lekkere smeltkaas zoals gruyère doorheen te roeren.

Zet de avond voordat je de soep gaat maken de witte bonen in een grote pan met ruim water. Leg de deksel op de pan en laat ze een nacht wellen.

Zet de volgende dag een heel grote pan op matig vuur en doe er als hij goed heet is een flinke scheut olijfolie en de reepjes bacon in. Bak de reepjes ongeveer 5 minuten of tot ze kleur beginnen te krijgen. Doe er de ui en knoflook bij en laat ze terwijl je regelmatig roert 20 minuten zachtjes bakken, tot je een zacht, licht goudbruin, kleverig mengsel hebt.

Leg de kip op het uimengsel. Laat de bonen uitlekken en doe ze ook in de pan. Schenk er zo veel water bij dat alles net onderstaat en doe er een flinke snuf zout en peper bij. Maak een soort bouquet garni door de laurier, tijm en peterselie met een touwtje bij elkaar te binden en gooi het bosje er ook bij. Breng het geheel aan de kook, schuim het oppervlak af, draai het vuur laag en leg er de deksel op. Laat de soep zo ongeveer 1 uur zachtjes pruttelen en schuim het oppervlak in die tijd nog een paar keer af.

Haal intussen de lelijke buitenste blaadjes van de kool. Trek de mooie groene blaadjes los, maar laat het hart intact. Spoel de blaadjes en het hart goed af. Rol de blaadjes op als een strakke sigaar en snijd ze vervolgens samen met het hart in smalle reepjes.

Controleer of de kip gaar is door zachtjes aan een poot te trekken - als hij gemakkelijk loskomt en het vlees van het bot valt, is hij goed. Leg de kip en het bosje kruiden voorzichtig met een keukentang op een snijplank. Doe de gesneden kool en de wortelen in de pan en laat met deksel 30 minuten op hoog vuur koken tot de hele boel gaar en lekker zacht is. Trek het vlees van de kip met een vork in vlokken en gooi het vel, de botjes en het bouquet garni weg. Het kippenvlees kun je bewaren om een sandwich mee te beleggen of bij de soep doen (ik doe beide). Wacht tot de kool en wortelen gaar zijn, proef een hapje en breng de soep met zout en peper op smaak. Serveer er hompen boerenbrood bij. Zalig!

COURGETTEGRATIN

Voor 6-8 personen
als bijgerecht

- 2 eetlepels eendenvet (of olijfolie, als je dat liever hebt)
- 3 uien, gepeld en in flinterdunne ringen gesneden
- 180 g basmatirijst
- 7 middelgrote courgettes, in dunne plakjes gesneden
- 5 dl hete kippen- of groentebouillon, liefst biologisch
- 4 volle eetlepels crème fraîche
- 150 g emmentaler, cheddar of Goudse kaas, geraspt
- zeezout en zwarte peper uit de molen
- olijfolie

Dit recept is geïnspireerd op een eenvoudige boerenschotel van Monique, de eigenaresse en kokkin van een klein restaurantje genaamd Lou Bourdie in het dorpje Bach. Het is niet echt Frans, maar qua smaak vat het wel mooi de mentaliteit samen waarmee ze in deze streek met eten omgaan: ongelofelijk eenvoudig, maar overheerlijk. Ik was er echt diep van onder indruk en ik hoop dat jij er hetzelfde over denkt. De truc is om de beste bouillon te gebruiken die je kunt krijgen. Monique gebruikte voor haar recept de bouillon van een grote pot-au-feu die op het fornuis stond te pruttelen, en ik ben ervan overtuigd dat die een hoop spannende smaken toevoegde (zie blz. 316). Ik heb een combinatie van emmentaler en crème fraîche gebruikt, waardoor de gratin op sommige plekken smeuïg, en op andere plekken heerlijk krokant is.

Verhit de oven tot 190 °C (gasovenstand 3-4). Zet een grote koekenpan op laag vuur en doe er het eendenvet (of de olijfolie, als je voor vegetariërs kookt) en een scheutje water in. Doe er wanneer het vet gesmolten en lekker heet is de gesneden uien bij en bak ze 20 minuten, terwijl je af en toe roert, tot ze zacht en kleverig zijn. Spoel intussen de rijst onder de koude kraan tot het water niet meer troebel is.

Doe wanneer de uien naar wens zijn de plakjes courgette en de rijst in de pan, roer alles goed door elkaar en giet de hete bouillon erbij. Draai het vuur hoog, blijf regelmatig roeren en laat alles 5 minuten koken. Het mengsel moet vrij nat en smeuïg blijven, dus doe er eventueel nog een extra scheutje bouillon bij. Haal de pan van het vuur en roer er langzaam de crème fraîche en 100 gram van de geraspte kaas door. Proef een hapje en voeg naar smaak een snufje zout en peper toe.

Vet een braadslede, gratinschaal of grote braadpan van ongeveer 25 x 32 centimeter in met een klein beetje olie, kieper er de inhoud van de pan in en let er daarbij op dat rijst mooi gelijkmatig verdeeld is. Strijk het oppervlak een beetje glad en probeer de plakjes courgette zo veel mogelijk bovenop te leggen. Strooi er de rest van de geraspte kaas over.

Zet de gratin zo 40 minuten in de hete oven, of tot er een mooi goudbruin laagje op zit en de gare rijst bijna alle vocht heeft geabsorbeerd. Serveer met een frisse salade bij een gegrild stuk vlees of vis.

POT-AU-FEU

Voor 4 personen (en dan houd je flink wat vlees over)

- 1 stuk runderschenkel of borststuk van 1 kilo
- 1 stuk varkensbuik van 400 g, de beste kwaliteit die je je kunt veroorloven, zonder zwoerd
- 2 uien, gepeld en doormidden gesneden
- 1 theelepel peperkorrels
- 4-5 tenen knoflook, gepeld
- zeezout en zwarte peper uit de molen
- 1 hele kip (ongeveer 1½ kilo), liefst vrije uitloop of biologisch
- 300 g zogenaamde Toulouse-worstjes
- 4 middelgrote aardappelen, geschild en doormidden gesneden
- 2 lange rapen, geschild en doormidden gesneden, of 4 kleine geschilde raapjes
- 1 kleine koolraap (ongeveer 400 g), geschild en in grove stukjes gehakt
- 4 wortelen, geschild
- boerenbrood, voor erbij
- dijonmosterd, voor erbij

Voor het bouquet garni

- 1 stengel bleekselderij, met blaadjes
- 2 verse laurierblaadjes
- een klein bosje verse tijm
- een klein bosje verse bladpeterselie
- desgewenst een paar stugge, buitenste bladeren van een prei

Dit is een echte Franse klassieker met eenvoudige, pure smaken, en geloof me: het is heerlijk. Met dit recept zet je in een paar makkelijke stappen een heerlijk feestmaal op tafel. Je bouwt de smaak gaandeweg op met producten die het seizoen te bieden heeft. Mijn recept is vrij herfstachtig, maar in de zomermaanden kun je er net zo goed doperwten, asperges, bietjes of een hand spinazie bij gooien om het wat frisser te maken.

Mocht je van plan zijn dit te maken, dan raad ik je wel aan de grootste en diepste pan tevoorschijn te halen die je in huis hebt. Dit recept is ruim voldoende voor 4 personen, maar je houdt wel flink wat vlees over. De rest kun je gebruiken om een sandwich mee te beleggen of om een pastei of terrine van te maken – je hoeft het vlees dus echt niet allemaal in één keer op eten. Dat zou gekkenwerk zijn! Als je bouillon overhoudt, kun je daar een heerlijk soepje van maken.

Omdat dit recept veel ingrediënten heeft, is het absoluut noodzakelijk dat je een grote pan gebruikt. Dat klinkt logisch, maar verzeker je er van tevoren van dat alles erin past.

Leg de stukken rundvlees en varkensbuik in de pan en doe er de uien, peperkorrels, knoflook en een flinke snuf zout en peper bij. Maak een soort bouquet garni door alle ingrediënten in de preibladeren te rollen en ze met een touwtje bij elkaar te binden. Als je geen prei hebt, kun je de kruiden ook zo bij elkaar binden. Leg het boeketje bij het vlees in de pan en giet er zo veel water bij dat alles net onderstaat.

Breng de hele boel op hoog vuur aan de kook en schuim het oppervlak af. Draai het vuur laag zodra het kookt, leg de deksel op de pan en laat het 1½ uur zachtjes pruttelen terwijl je het oppervlak regelmatig afschuimt. Houd het waterpeil goed in de gaten en doe er als het te ver daalt eventueel nog een extra scheutje water bij.

Doe de kip en de worstjes in de pan, en organiseer het zo dat de kip helemaal onder water staat (doe er eventueel nog een extra scheutje bij). Laat alles 30 minuten pruttelen, doe er dan de aardappel, raap, koolraap en wortel bij en laat het vervolgens nog een uur op het vuur staan.

Traditioneel legde men het vlees op een plank en de groentes op een bord en kreeg je de bouillon als voorafje, gevolgd door een bord vlees met groente, maar je kunt het vlees ook op een plank in stukjes snijden, vervolgens de groentes over de kommen verdelen, er wat vlees bij doen en er de bouillon overheen scheppen. Geef er stukken boerenbrood en een lepeltje dijonmosterd bij. Restjes vlees en groente zijn in de koelkast 2 tot 3 dagen houdbaar.

GEROOSTERDE LAMSBOUT MET BONEN

Voor 6 personen

- 1 lamsbout (ongeveer 2 kilo), met bot
- olijfolie
- zeezout en zwarte peper uit de molen
- 10 tenen knoflook, gepeld
- een klein bosje verse tijm
- een paar takjes verse rozemarijn
- 3 middelgrote preien, schoongemaakt en diagonaal in ringen van ongeveer 2 cm gesneden
- 2 uien, gepeld en in dunne ringen gesneden
- 1 vers laurierblaadje
- 2 bosjes verse bladpeterselie
- 4 blikken van 400 g flageoletbonen
- 1½ liter lams-, kippen-, of groentebouillon, liefst biologisch

Ik hou heel erg van de heerlijk robuuste smaken in dit gerecht. Door het lamsvlees op een rooster boven de bonen te roosteren zorg je ervoor dat er niets van het zalige vleessap verloren gaat. Ik gebruikte in Frankrijk flageoletbonen, omdat die daar enorm populair zijn, maar met andere goede witte bonen uit blik wordt het ook heerlijk.

Bij het roosteren van het lamsvlees kun je twee dingen doen: normaal roosteren of langzaam roosteren. In Frankrijk roosterde ik mijn lamsbout heel langzaam en strooide het vlees vervolgens in vlokken over de bonen (zoals je op de foto ziet), maar het is ook erg lekker om het normaal te roosteren en het nog enigszins roze vlees in plakken te serveren - in het recept staan beide methodes beschreven.

Verhit de oven op de hoogste stand voor en haal de lamsbout uit de koelkast. Prik er over het hele oppervlak met het puntje van een mes in en masseer het vlees met een scheutje olijfolie en een flinke snuf zout en peper. Snijd 4 tenen knoflook in plakjes en stop die samen met een paar takjes tijm en rozemarijn in de sneetjes die je net hebt gemaakt. Doe de prei, de ui en 6 tenen knoflook in een diepe braadslede. Doe er een flinke scheut olijfolie en een snufje zout en peper bij, zet hem op matig vuur, blijf regelmatig roeren en laat de prei en uien 15 minuten bakken tot ze lekker zacht zijn.

Maak een soort bouquet garni door het laurierblaadje, de rest van de tijm en 1 bosje peterselie bij elkaar te binden en leg ze in de braadslede. Doe er de bonen, inclusief het vocht uit het blik, en de bouillon bij en roer alles goed door elkaar.

Leg de lamsbout direct op het rooster in de oven en zet er de braadslede met de bonen onder. Als je van lekker roze vlees houdt, moet je de temperatuur nu meteen verlagen tot 180 °C (gasovenstand 3) en de bout 1 uur en 15 minuten roosteren. Als je het vlees vervolgens 15 minuten afgedekt met een stuk aluminiumfolie op een snijplank laat rusten, krijg je prachtig roze vlees dat perfect snijdbaar is. De bonen zijn dan nog wel erg nattig, dus zet die op hoog vuur om een beetje in te koken terwijl het vlees ligt te rusten.

Als je liever smeuïg draadjesvlees hebt, moet je de temperatuur tot 160 °C (gasovenstand 2-3) verlagen zodra je het vlees in de oven legt en het vlees en de bonen ongeveer 3 uur zachtjes laten garen, of tot het vlees gemakkelijk in vlokken uit elkaar valt. Leg de bout op een plank, dek hem af met aluminiumfolie en laat hem 30 minuten rusten. Dek de bonen af met folie, draai de oven uit en houd ze zolang warm in de oven.

Haal als je zover bent de bonen uit de oven en schep een derde deel in een kom. Stamp ze met een aardappelstamper fijn en roer ze door de rest van de bonen, zodat die heerlijk smeuïg en romig worden. Hak het resterende bosje peterselie fijn en roer het ook door de bonen. Snijd het vlees nu in plakjes of trek het in vlokken, spreid het uit over de bonen en ga meteen aan tafel.

Toen ik met dit Franse gezelschap op zwijnenjacht ging, hoopte ik heel erg dat de paar woorden Frans die ik jaren daarvoor geleerd had weer een beetje terug zouden komen. Helaas was dat dus niet het geval, maar op de een of andere manier wist ik me toch te redden en was het lange avondmaal na afloop in het jachthuis een groot succes... niet in de laatste plaats vanwege de grote hoeveelheden eau de vie! Als ze doorhebben dat je hun lekkere eten, uitstekende wijn en aangename gezelschap op waarde weet te schatten, zit je goed.

ZALIGE ROZEMARIJN-SPIESJES MET PRUIMEN

Voor 4 spiesjes

- 4 lange, houtachtige, verse rozemarijntakjes
- ½ wit boerenbrood, zonder korst
- 12 rijpe of gewelde pruimen
- 50 g zachte geitenkaas
- 12 gepelde halve walnoten
- 6 plakken gerookte, doorregen bacon, de beste kwaliteit die je je kunt veroorloven, in de lengte doormidden gesneden
- een klein bosje verse laurier, alleen de blaadjes
- olijfolie
- zeezout en zwarte peper uit de molen
- 2 eetlepels kweeperengelei of abrikozenjam
- een bosje verse tijm
- extra vierge olijfolie

Fransen hebben een diep respect voor wild eten, en deze prachtige spiesjes zijn mijn eerbetoon aan hun weergaloze lokale ingrediënten. Ze zien er rustiek en spannend uit. Zoals je ziet, gebruik ik dikke, houtachtige rozemarijntakjes, zoals je ze wel op boerenmarkten of in het wild tegenkomt. Rozemarijntakjes zijn met name geschikt als spiesjes omdat ze een subtiele smaak aan de andere ingrediënten geven. Als je geen stevige takjes kunt vinden, zou je in plaats daarvan ook een paar gewone houten spiesjes kunnen gebruiken of zelfs ordinaire cocktailprikkertjes, die je even in water laat weken. Zet als je een feestje hebt een schaal van deze spiesjes klaar om te bakken. Ze zijn echt waanzinnig eenvoudig te maken en iedereen is er dol op.

Pluk de meeste blaadjes van de rozemarijntakjes, maar laat er aan de bovenkant een paar zitten en slijp met een mes een scherp puntje aan de takjes. Snijd het brood in blokjes van 4 centimeter - je hebt er in totaal 12 nodig. Neem nu een van de pruimen in je hand, steek je vinger in het gaatje waar de pit zat en maak het iets groter. Schep en druk een lepeltje van de zachte geitenkaas in het gaatje en druk een halve walnoot in de kaas. Wikkel een half plakje bacon om de pruim heen en prik hem op een geprepareerd rozemarijntakje. Prik er vervolgens een laurierblaadje, een blokje brood en nog een gevulde pruim op. Ga zo door tot al je ingrediënten op zijn en er 3 pruimen op elk spiesje zitten. Leg de spiesjes in een schaal.

Zet als je zover bent de grillpan op het vuur of laat de barbecue of eventueel de oven gloeiendheet worden. Sprenkel een klein beetje olijfolie over de spiesjes, bestrooi ze met een flinke snuf zout en peper en draai de spiesjes een paar keer, zodat ze rondom ingevet zijn. Hoe je ze ook klaarmaakt, je moet ze heel goed in de gaten houden en ze gedurende 8 tot 10 minuten elke minuut omdraaien tot ze heerlijk goudbruin en krokant zijn.

Warm intussen de kweeperengelei of abrikozenjam met een scheutje water op in een kleine pan, tot hij dun genoeg is om op de spiesjes te kwasten; gebruik hiervoor een deegkwastje of een bosje tijm. Laat de spiesjes nog een minuut bakken en keer ze elke paar seconden om tot ze kleverig en mooi gekaramelliseerd zijn; leg ze met een keukentang op een schaaltje. Sprenkel er nog een scheutje extra vierge olijfolie over en zet ze meteen op tafel.

CONFIT DE CANARD

Voor 6 personen

- 6 grote, sappige eendenbouten (ongeveer 300 g elk)
- 10 jeneverbessen
- 4 kruidnagels
- 2 of 3 flinke handen zeezout
- 6 of 7 laurierblaadjes
- een klein bosje verse tijm
- 1,75 kilo eendenvet

'Confit' betekent 'langzaam in vet gegaard' en is een bereidingswijze en manier van inmaken die is ontstaan in de tijd dat men nog geen koelkasten had en mensen toch een voedselvoorraad voor de koude wintermaanden aan moesten leggen. Vroeger had bijna iedereen grote aardewerken schalen met deze eend in de voorraadkamer staan. Het klinkt misschien een beetje ingewikkeld, maar in feite is het heel eenvoudig, en ik weet zeker dat je het resultaat heerlijk zult vinden. Schrik niet van de hoeveelheid vet die bij het koken en inmaken komt kijken. Je hoeft het heus niet allemaal op te eten - het vormt een dikke laag en is puur bedoeld om het vlees te beschermen. Eendenvet is bij gespecialiseerde winkels en betere supermarkten in blik verkrijgbaar. Als je een stuk eend bakt dat op deze manier is ingemaakt, wordt het vlees zalig mals en het vel zo flinterdun en krokant dat je echt niet weet wat je proeft. Dit recept is voor 6 eendenbouten, maar je kunt er net zo makkelijk meer maken en ze voor een andere keer bewaren. Het is heel geschikt voor feestelijke diners, omdat je het als je wilt al weken van tevoren klaar kunt maken.

Leg de eendenbouten in een grote braadslede. Stamp de jeneverbessen en kruidnagels in een vijzel fijn en strooi ze met het zeezout over de bouten. Snipper er de laurierblaadjes en de tijm bij en wrijf de bouten goed met het mengsel in. Dek de braadslede af met keukenfolie en zet hem ongeveer 12 uur of een hele nacht in de koelkast of op een koele plek.

Zet de volgende dag een grote, zware braadpan op laag vuur. Spoel de eendenbouten onder de koude kraan af om het zout eraf te halen en dep ze met keukenpapier droog.

Leg de eendenbouten in de pan en schep er het eendenvet bij. Laat de pan 2 tot 2½ uur op een laag pitje staan, maar houd hem wel goed in de gaten en zorg dat er geen kinderen in de keuken rondrennen. Het kokendhete vet is echt levensgevaarlijk. Haal de pan vervolgens van het vuur en laat afkoelen. Om te controleren of het vlees goed gaar is, kun je een van de bouten op een bord leggen en er een stukje vlees aftrekken als hij voldoende is afgekoeld - het moet heel gemakkelijk van het bot loskomen.

Schep als alles goed is afgekoeld een paar flinke lepels van het vet in een grote aardewerken schaal, plastic bak of roestvrijstalen pan, en leg er met een keukentang de eendenbouten op. Giet er voorzichtig de rest van het vet bij, zodat de bouten allemaal onderstaan, dek ze af met keukenfolie of leg er een deksel op en zet de bouten zo in de koelkast. Het is echt heel belangrijk dat het vlees volledig onderstaat om de vetlaag zijn beschermende werk te laten doen. Goed afgedekt blijven de bouten in de koelkast op deze manier wekenlang goed.

Haal de eendenbouten uit het gestolde vet, veeg ze een beetje af met een stuk keukenpapier, en bak of rooster ze 15 tot 20 minuten tot er een heerlijk krokant velletje op zit en het vlees goed warm is. Eet smakelijk!

CONFIT DE CANARD OP EEN BEDJE VAN VERRUKKELIJKE LINZEN

Voor 6 personen

- 2 wortelen, geschild en fijngehakt
- 2 stengels bleekselderij, schoongemaakt en fijngehakt
- 2 uien, gepeld en fijngehakt
- eendenvet (of olijfolie, als je dat liever hebt)
- 500 g Puy-linzen
- 1 liter groentebouillon, liefst biologisch
- 1 aardappel, geschild en in grove stukjes gehakt
- 6 confit de canard-bouten (zie het recept op de vorige pagina)
- 200 g jonge spinazie, gewassen en droog geslingerd
- zeezout en zwarte peper uit de molen
- extra vierge olijfolie
- rodewijnazijn
- crème fraîche, voor erbij

Voor het bouquet garni

- 1 stengel bleekselderij
- een klein bosje verse tijm
- een klein bosje verse bladpeterselie
- 1 vers laurierblaadje
- desgewenst 2 stugge, buitenste bladeren van een prei

Linzen worden doorgaans niet tot de meest aantrekkelijke ingrediënten gerekend: sterker nog, de meeste mensen vinden ze ronduit saai. Maar in dit deel van Frankrijk staan Puy-linzen vanwege hun vorm en donkere kleur bekend als 'kaviaar van de armen', en worden ze met de grootst mogelijke zorg en de nodige kruiden in de meest verrukkelijke gerechten verwerkt. Als je deze techniek eenmaal onder de knie hebt, kun je dit gerecht heel eenvoudig naar andere culturen vertalen: als je er bijvoorbeeld currypasta aan toevoegt, krijg je heerlijke Indiase dahl; met gehakte stukjes ingemaakte citroen (blz. 216) en een schepje komijnzaad geef je ze een Marokkaans tintje; en in combinatie met een paar gehakte olijven, zongedroogde tomaatjes, een handje snijbiet en wat ricotta ga je net zo makkelijk op de Italiaanse toer. Ik maak mijn linzen nog interessanter door er een mooi stuk confit de canard op te leggen. Met het contrast van krokant vel, waanzinnig zacht en mals vlees en de romige linzen maak je echt iedereen gek.

Verhit de oven tot 200 °C (gasovenstand 4). Doe de gehakte wortel, bleekselderij en ui met een of twee eetlepels eendenvet (je zou ook olijfolie kunnen gebruiken) in een grote braadpan en bak ze ongeveer 10 minuten op matig vuur tot ze zacht maar nog niet verkleurd zijn. Maak een bouquet garni door de bleekselderij en kruiden in 2 preibladeren te wikkelen (als je die hebt) en ze met een touwtje bij elkaar te binden. Doe wanneer de groentes lekker zacht zijn de linzen in de pan en roer alles goed door elkaar. Giet de bouillon in de pan en doe er de stukjes aardappel en het bouquet garni bij. Laat de linzen ongeveer 45 minuten koken terwijl je af en toe roert, tot ze zacht zijn en het meeste vocht hebben geabsorbeerd.

Haal intussen de eendenbouten uit de bak confit en veeg er met een stuk keukenpapier het overtollige vet af. Leg de bouten in een braadslede en zet ze 20 tot 25 minuten boven in de hete oven tot ze goudbruin en krokant zijn. Het vlees is al gaar, dus je hoeft het alleen maar op te warmen en het flinterdunne velletje heerlijk krokant te laten worden.

Hak de blaadjes spinazie en roer ze door de linzen. Laat nog een paar minuten koken en vis er dan het bouquet garni uit. Prak de stukjes aardappel tegen de zijkant van de pan en roer alles goed door elkaar. Door de geprakte aardappel worden de linzen heerlijk romig. Om de linzen optimaal op smaak te brengen moet je ze nu heel zorgvuldig kruiden. Voeg naar smaak zout en peper, extra vierge olijfolie en 1 of 2 eetlepels lekkere rodewijnazijn toe. Roer goed en proef een hapje - het is de bedoeling dat ze een fris zuurtje hebben dat tegen de volle, rijke smaak van de eend bestand is.

Haal de eendenbouten uit de oven, leg ze op een stuk keukenpapier op een bord en dep er het overtollige vet af. Verdeel de linzen over kommen en schep er een flinke lepel crème fraîche op. Roer de crème fraîche met het puntje van een mes door de linzen, zodat je een prachtig gemarmerd effect krijgt. Leg er een eendenbout op, zet de kommen meteen op tafel, en neem het applaus van je dankbare gasten in ontvangst!

150 musiciens

le Villageois
fromage fermier des deux Sèvres
6,50 €
Crottin de Chavignol
2,60 €
4,95 €
2,30 €
2,80 €

ROMAGES
de
CHEVRES
Cabécou
Roc-Amadour

OGOMME
CHAMBERT

CRÈME CARAMEL MET GEBAKKEN DADELPRUIMEN

Voor 6 personen

Voor de crème caramel

- 5 dl volle melk
- 240 g fijne tafelsuiker
- ½ vanillestokje, de zaadjes eruit geschraapt
- 2 grote eieren, liefst vrije uitloop of biologisch
- 2 grote eidooiers, liefst vrije uitloop of biologisch

Voor de gebakken dadelpruimen

- 4 grote dadelpruimen, of 4 perziken en 6 abrikozen
- 4 volle eetlepels lichtbruine, fijne tafelsuiker
- 1 dl armagnac of brandy

Dit recept voor heerlijke crème caramel heb ik geleerd van mijn dierbare vriend Andy Harris, die ook hoofdredacteur van mijn tijdschrift is. Ik heb er gebakken dadelpruimen bij gedaan, omdat die perfect samengaan met de delicate structuur van de crème caramel. Dadelpruimen komen overal in Europa voor en zijn in de herfst op hun best. Als je ze nog nooit hebt geproefd, moet je ze zeker eens proberen: qua smaak houden ze het midden tussen perzik en galiameloen, met een vleugje lychee. Klinkt niet verkeerd, toch? Als je geen dadelpruimen kunt krijgen, kun je in plaats daarvan ook abrikoos, perzik, aardbei, peer of pruim gebruiken. Als je er seizoenfruit voor gebruikt, kun je dit dessert eigenlijk het hele jaar door op tafel zetten.

Verhit de oven tot 150 °C (gasovenstand 1-2). Warm de melk met 60 gram suiker op in een middelgrote pan op laag vuur. Doe er het vanillestokje en de uitgeschraapte zaadjes bij. Haal de pan van het vuur zodra de melk kookt en laat volledig afkoelen. Zet 6 kleine ramekins of hittebestendige vormpjes klaar.

Doe om de karamel te maken de rest van de suiker met 1 deciliter water in een kleine pan met antiaanbaklaag. Zet de pan op matig vuur tot de suiker opgelost is en draai het vuur vervolgens hoog tot het siroopachtige mengsel flink pruttelt. Houd het een paar minuten op temperatuur tot het karamelliseert en diep goudbruin van kleur begint te worden. Raak de karamel onder geen beding aan. Hij is echt gloeiendheet en kan lelijke brandwonden veroorzaken. Roer de siroop ook niet: de pan regelmatig een beetje kantelen volstaat. Haal de pan van het vuur wanneer de karamel de kenmerkende goudbruine kleur heeft en schenk hem vlug, maar wel heel voorzichtig in de vormpjes. Laat 5 minuten stollen.

Klop de eieren en de dooiers door elkaar en schenk er vervolgens door een fijne zeef de afgekoelde vanillemelk bij. Klop even door elkaar en schenk het mengsel door de fijne zeef in een kannetje. Verdeel het over de vormpjes, zet ze in een grote braadslede en maak er een soort grote bain-marie van door er zo veel heet water bij te gieten dat de vormpjes tot halverwege onderstaan. Zet ze 40 minuten in het midden van de hete oven.

Haal de vormpjes uit de oven, laat ze afkoelen, dek ze af met keukenfolie en laat ze 4 uur of een hele nacht in de koelkast opstijven. Verhit de oven de volgende dag, ongeveer 20 minuten voordat je ze wilt serveren, tot 200 °C (gasovenstand 4). Schil de dadelpruimen en snijd ze eerst doormidden en vervolgens in lange reepjes. Snijd perziken en abrikozen doormidden en haal er de pitten uit. Leg de stukjes fruit in een kleine braadslede, bestrooi ze met de suiker en sprenkel er de armagnac over. Hussel de stukjes goed en zet de schaal 20 minuten in de hete oven tot het fruit prachtig goudbruin en heerlijk kleverig is.

Haal het fruit uit de oven en de bakjes crème caramel uit de koelkast. Vul een ondiepe kom met heet water en houd elk vormpje ongeveer 30 seconden tot vlak onder rand in het water om de inhoud los te maken. Stort de puddinkjes nu in een vloeiende beweging op kleine serveerbordjes en leg er een paar stukjes gebakken fruit op. Besprenkel ze met een beetje sap uit de braadslede en zet ze op tafel.

DE WERELDBEROEMDE TARTE TATIN

Voor 6 personen

- bloem, om te bestuiven
- 500 g bladerdeeg
- 5 kleine handappels (ongeveer 800 g), een mengsel van zoete en zure
- 100 g lichtbruine fijne tafelsuiker
- 1 dl calvados
- 1 vanillestokje, in de lengte gesplitst, de zaadjes eruit geschraapt
- 50 g boter, in kleine blokjes gesneden

Dit dessert is niet alleen ontzettend lekker, het is ook uitgevonden in de buurt van de plek waar ik verbleef, en wel door de zusjes Tatin. Het verhaal gaat dat een van de zussen haar appeltaart te lang in de oven had laten staan en dat probeerde te camoufleren door hem op zijn kop te leggen. De gasten waren dolenthousiast! Ik mocht willen dat al mijn culinaire missers zo goed uitpakten. Kijk hoe deze taart gemaakt wordt op www.jamieoliver.com/how-to. Als je het eenmaal onder de knie hebt, is het echt doodeenvoudig.

Dit recept is een basis aan de hand waarvan je hopelijk naar hartenlust gaat experimenteren met peren, kweeperen, perziken, abrikozen of een mengsel van een of meer van deze vruchten. Ik weet zeker dat de zusjes het alleen maar heel leuk zouden hebben gevonden dat mensen met hun recept aan de haal gaan. Licht, goudbruin bladerdeeg met zacht, sappig fruit is echt een verrukkelijke combinatie! Je kunt er een lepel crème fraîche of slagroom bij serveren, maar persoonlijk geef ik de voorkeur aan het contrast tussen de warme taart en een bol ijskoud roomijs, en dan met name het zalige pruimenijs met armagnac op de volgende pagina!

Verhit de oven tot 190 °C (gasovenstand 3-4). Bestuif een schoon werkvlak en een deegroller met bloem en rol het bladerdeeg uit tot een dikte van iets meer dan een halve centimeter. Het deeg zou nu groot genoeg moeten zijn om de ovenbestendige koekenpan waarin je de taart gaat bakken te bekleden en rondom een randje van ongeveer 5 centimeter over te houden. Leg het deeg even aan de kant. Schil de appels, snijd ze horizontaal doormidden en schep er met een theelepeltje de zaadjes en het klokhuis uit.

Zet een ovenbestendige koekenpan op matig vuur en doe er de suiker, de calvados, het vanillestokje en de uitgeschraapte zaadjes in. Laat de suiker smelten en wacht tot het mengsel een lichte karamel vormt. Raak de karamel niet aan; hij is bloedheet.

Leg als de karamel eenmaal lekker ruikt en er prachtig uitziet - mooi kastanjebruin van kleur - de halve appels in de pan. Roer ze voorzichtig in de karamel door elkaar en laat ze ongeveer 5 minuten bakken tot ze zacht zijn en het iets toffeeachtigs is. Doe de blokjes boter in de pan, leg er het uitgerolde deeg overheen en druk het vlug in de randjes - doe dat wel met een houten lepel of spatel, zodat je je niet brandt aan de gloeiendhete karamel.

Bak de tarte tatin 25 tot 30 minuten, of tot hij goudbruin is en er heerlijke stukjes krokante karamel onder de rand vandaan komen. Haal hem uit de oven. Om er een echte tarte tatin van te maken moet je hem nu alleen nog storten. Dat is op zich een fluitje van een cent, maar je moet vanwege de hete karamel wel heel voorzichtig zijn. Leg een groot bord of een grote houten snijplank omgekeerd op de pan, leg er een ovenwant op om je hand te beschermen, en keer de taart in een soepele beweging om (vergeet niet dat je op www.jamieoliver.com/how-to terechtkunt voor een filmpje over hoe je dit veilig doet). Laat de taart voor het aansnijden een paar minuten afkoelen zodat de karamel een beetje stolt, en serveer er een lepel crème fraîche of een bolletje roomijs bij.

ZALIG PRUIMENIJS MET ARMAGNAC

Voor 4-6 personen

Voor het ijs

- 2½ dl volle melk
- 1 vanillestokje, in de lengte gesplitst en de zaadjes eruit geschraapt
- 5 grote eidooiers, liefst vrije uitloop of biologisch
- 250 g fijne tafelsuiker
- 2½ dl crème fraîche

Voor de pruimensaus

- 200 g pruimen, zonder pit
- 2 dl armagnac
- 75 g fijne tafelsuiker

Ik heb door de jaren al heel wat lekkere soorten ijs gemaakt, maar dit recept is wel erg bijzonder. Er zitten twee ingrediënten in die in de Midi-Pyrénées waar ik verbleef heel belangrijk zijn: pruimen en armagnac. Als je in plaats van slagroom crème fraîche gebruikt, wordt het wat minder vet en zijn de smaken van het zoete ijs en de pruimensaus ook wat beter in balans. Door het ijs fijn te malen als het gestold is, wordt het echt ongelofelijk glad en luchtig. Probeer het maar eens. Dit recept is voldoende voor 6 kleine porties, maar als je een echte ijsliefhebber bent, kun je de aangegeven hoeveelheden natuurlijk net zo makkelijk verdubbelen.

Warm de melk met het vanillestokje en de uitgeschraapte zaadjes in een pan op matig vuur op. Haal de pan vlak voordat de melk aan de kook is van het vuur en vis er het vanillestokje uit. Klop in een kleine kom de eidooiers en suiker tot een romig mengsel, en roer eerst dit mengsel en vervolgens de crème fraîche door de warme melk. Zet het mengsel zolang opzij om af te koelen. Schenk het als het volledig afgekoeld is in een passende schaal, dek het af met keukenfolie en zet het minstens 4 uur in de vriezer, of tot het goed bevroren is.

Ga intussen aan de slag met de pruimensaus. Doe de pruimen met de armagnac in een kleine pan en laat ze 30 minuten weken. Doe er de suiker bij en breng alles langzaam aan de kook. Draai het vuur laag en laat het 5 minuten pruttelen tot het een dik, stroperig mengsel is. Hak de pruimen heel voorzichtig met een staafmixer fijn tot je een glad en glanzend, jamachtig mengsel hebt – verdun het eventueel met een extra scheutje armagnac of water. Laat de saus volledig afkoelen en zet hem in de koelkast, zodat hij goed koud is tegen de tijd dat je het ijs uit de vriezer haalt.

Haal de schaal ijs na 4 uur uit de vriezer en laat hem ongeveer 5 minuten staan. Schep het ijs in een keukenmachine, hak het tot het romig en luchtig is (doe dat wel snel, zodat het niet smelt), schep het terug in de schaal en dek het opnieuw af met keukenfolie. Zet het ijs nu nog ongeveer een uur terug in de vriezer.

Controleer na een uur of het ijs goed is. De bedoeling is dat het nu bevroren, maar nog wel zacht is. Schenk er het pruimenmengsel op en spatel het door het ijs om het een heel mooi gemarmerd effect te geven. Een eventueel restje saus kun je voor een volgende keer bewaren. Dek het ijs af met keukenfolie en zet het in de vriezer tot je zover bent.

CAKE VAN WALNOOT, KASTANJE EN CHOCOLA

Voor 10 personen

- een klontje boter, om in te vetten
- 100 g gepelde walnoten
- 100 g vacuüm verpakte kastanjes
- 50 g pure chocolade van goede kwaliteit (70 % vaste cacaobestanddelen)
- 200 g zelfrijzende bloem
- 250 g lichtbruine, fijne tafelsuiker, plus een theelepeltje extra
- 4 grote eieren, liefst vrije uitloop of biologisch
- 3 dl slagroom
- ½ dl volle melk
- 1 blikje of tube van 250 g gezoete kastanjepuree
- 1 eetlepel geroosterde koffiebonen

In landelijke gebieden waar een bepaald ingrediënt in overvloed beschikbaar is - zoals kastanjes in de Midi-Pyrénées - zie je het vaak in tal van recepten terugkomen. Deze overheerlijke cake is daar een mooi voorbeeld van. Omdat de lokale bevolking gek is op de combinatie van koffie en walnoten, heb ik een vleugje koffie aan de zalige vulling van kastanjepuree en slagroom toegevoegd. Gezoete kastanjepuree is in Frankrijk een heel populair ingrediënt, maar in de rest van Europa ligt het meestal alleen rond de feestdagen in de supermarkt. Maar geen nood, je kunt ook gewone kastanjepuree gebruiken en het zelf zoeten (zie mijn PS aan het eind van het recept). De cake overdwars doormidden snijden is heel simpel, maar als je wat meer hulp nodig hebt, kun je op www.jamieoliver.com/how-to een filmpje bekijken.

Verhit de oven tot 180 °C (gasovenstand 3). Vet een ronde springvorm van 22 centimeter in met een klontje boter en leg er een passend stuk bakpapier in.

Doe de walnoten, de kastanjes en de chocola in een keukenmachine en pulseer ze gedurende ongeveer 10 seconden, tot je een mix van kleine stukjes en brokjes hebt. Zeef de bloem in de kom en doe er de suiker bij. Breek de eieren en giet ze met 1 deciliter van de slagroom en met de melk bij het mengsel. Zet de machine aan tot alles net goed vermengd is - geen seconde langer.

Schep het mengsel in de geprepareerde springvorm en zet hem 35 tot 40 minuten in de hete oven. Controleer de cake na 35 minuten door er een klein mesje of een cocktailprikker in te steken. Als er niets aan blijft plakken, is hij klaar (er kan wel wat gesmolten chocola zichtbaar zijn, maar zolang er geen nat beslag op zit, is het goed). Haal de cake uit de oven, laat hem 10 minuten in de vorm afkoelen, stort hem voorzichtig op een rooster en laat hem volledig afkoelen.

Klop als de cake zover is de rest van de slagroom met een theelepel suiker op tot er zachte pieken op blijven staan en zet de kom even opzij. Snijd de cake met een lang mes overdwars doormidden (kijk op www.jamieoliver.com/how-to om te zien hoe je dat het handigst doet). Haal je mes rustig heen en weer en draai de cake tot je twee ronde schijven hebt, zoals op de foto. Schep en smeer eerst een gelijkmatige laag kastanjepuree op de bodem van de cake en dek die af met een dikke laag van de geklopte slagroom. Stamp de koffiebonen in een vijzel tot poeder en strooi dat door een fijne zeef over de slagroom. Leg er de bovenkant van de cake weer op en snijd hem voorzichtig in mooie punten.

PS Breng om je eigen gezoete kastanjepuree te maken 150 gram **lichtbruine fijne tafelsuiker** en 1 deciliter **melk** in een pan aan de kook en laat 2 tot 3 minuten heel zachtjes koken. Haal de pan van het vuur en prak er de helft van een blikje **kastanjepuree** van 435 gram door. Hak het mengsel met een staafmixer tot een gladde puree en zet het zolang in de koelkast.

DE PERFECTE ZOETE POMPOENTAART

Voor 12 personen

Voor de deegbodem

- 250 g bloem, plus wat extra om te bestuiven
- 50 g poedersuiker
- 125 g ongezouten, koude boter van goede kwaliteit, in kleine blokjes gesneden
- 1 groot ei, liefst vrije uitloop of biologisch, geklutst
- een scheutje melk
- olijfolie, om de springvorm mee in te vetten

Voor de vulling

- 1 pompoen van 500 g, geschild, zonder zaadjes en in blokjes van 2 cm gesneden
- 5 dl volle melk
- 200 g lichtbruine, fijne tafelsuiker
- 1 vanillestokje, in de lengte gesplitst, de zaadjes eruit geschraapt
- 2 grote eieren, liefst vrije uitloop of biologisch

Dit prachtige dessert, of tenminste een bepaald element ervan, kwam ik tegen in een fantastisch klein restaurantje genaamd Lou Bourdie in het dorpje Bach. Monique, de alleraardigste eigenaresse van de zaak, had een grote plaat heerlijk pompoendessert klaargemaakt, dat ze in kleine, vierkante stukjes aan haar gasten serveerde. Het langzaam gegaarde, zoete pompoenmengsel had wel iets van een rustieke crème caramel en was zo overheerlijk dat ik het niet kon laten er een eigen versie van te maken. Ik gebruik een deegbodem, omdat ik het contrast tussen het kruimelige deeg en de fluweelzachte vulling echt geweldig vind. Smullen!

Het deeg kun je met de hand of in een keukenmachine maken. Zeef vanaf enige hoogte de bloem en poedersuiker in een grote mengkom. Werk de boter met je vingers door het droge mengsel tot het de consistentie van grof broodkruim heeft. Doe er het ei en de melk bij en kneed het deeg tot een gladde bal. Kneed niet te lang door, anders wordt de bodem elastisch en taai in plaats van kruimelig en krokant.

Stuif wat bloem op de bal deeg en op een schoon werkvlak, en druk de bal uit tot een dikke, platte schijf. Stuif er nog wat bloem op, wikkel het deeg in een stuk keukenfolie en leg het 30 minuten in de koelkast. Vet een springvorm met antiaanbaklaag van 25 centimeter in met olie. Bestuif een schoon werkvlak en je deegroller met bloem, en rol het deeg uit tot een dikte van ongeveer een halve centimeter. Wikkel het deeg om de deegroller en rol het boven de springvorm af. Druk het deeg ook goed in de rand. Snijd de overhangende randjes eraf en gebruik de stukjes om eventuele gaatjes te vullen. Prik met een vork gaatjes in het deeg, leg er een stuk keukenfolie op en zet de bodem 30 minuten in de vriezer. Verwarm de oven voor op 180 °C (gasovenstand 3).

Doe intussen de pompoen, de melk, de suiker en de vanille (stokje en zaadjes) in een kleine diepe pan en zet die op matig vuur. Blijf voortdurend roeren zodat de boel niet aanbrandt en draai het vuur laag zodra het mengsel kookt. Laat 15 minuten zachtjes pruttelen terwijl je regelmatig roert, leg vervolgens de deksel scheef op de pan en laat nog 15 minuten zachtjes koken tot de stukjes pompoen zacht en gaar zijn. Haal de pan van het vuur, vis het vanillestokje eruit en hak het mengsel met een staafmixer heel voorzichtig tot een glad en zacht mengsel. Laat afkoelen en leg de deksel op de pan.

Leg terwijl het pompoenmengsel staat af te koelen een stuk bakpapier in de deegbodem en druk het goed in de rand. Vul de bodem met ongekookte rijst en bak hem 10 minuten blind in de hete oven. Haal de rijst en het stuk bakpapier eruit (bewaar voor een volgende keer) en zet de vorm nog 10 minuten terug in de oven tot het deeg stevig. Laat de bodem volledig afkoelen en schakel de oven terug naar 160 °C (gasovenstand 2-3).

Kluts de 2 eieren, doe ze bij het pompoenmengsel en maal alles nogmaals goed door elkaar. Schenk het mengsel in de deegbodem en zet de taart 30 minuten in de oven, of tot het oppervlak gestold is maar de vulling vanbinnen nog wel een beetje lobbig. Laat de taart afkoelen en serveer hem met wat room of een lepel crème fraîche bij. Eet smakelijk!

Specialites
du Pays

WIJN, AMBACHTELIJK BROOD, KAZEN, BOUQUET GARNI, MOSTERD EN KNOFLOOK **Wijn** speelt in de Franse cultuur niet alleen een enorm belangrijke rol als drank, maar ook als ingrediënt in de keuken. Het kopen van dagelijks **brood** is een bijna religieuze aangelegenheid - of het nou gaat om een simpele baguette of om een mooi ambachtelijk product. Elke regio heeft zijn eigen bijzondere **kazen**, zoals de Normandische camembert en de epoisses uit de Bourgogne. Verse en gedroogde kruiden worden samengebonden tot een **bouquet garni** en als smaakmaker met soepen en stoofschotels meegekookt. Franse **mosterd** kan scherp en sterk, maar ook mild en zoet zijn. **Knoflook** uit de Pyreneeën wordt tot de beste ter wereld gerekend.

AZIJN, EENDEN- EN GANZENVET, WALNOTEN, PRUIMEN, PUY-LINZEN EN CHARCUTERIE

Franse **azijn** dankt zijn heerlijk scherpe smaak aan het feit dat hij op hout gerijpt is. **Eenden- of ganzenvet** wordt veel als conserveringsmiddel gebruikt (voor confit), maar ook in plaats van olie of boter om in te bakken. In de bossen van de Midi-Pyrénées barst het van de wilde **walnoten** en ze worden dan ook vaak in koeken en taarten gebruikt. **Pruimen** uit Agen, in de buurt van Cahors, worden beschouwd als de beste van het land. Ze worden vaak in brandy gepocheerd en in cakes en taarten verwerkt. **Puy-linzen** vormen de basis van diverse Franse klassiekers. Eend, gans, varken, hert en wild zwijn zijn voorbeelden van vleessoorten die, gerookt, ingemaakt of gedroogd, onder de noemer **charcuterie** geschaard worden.

'Lord' Loftus
The one & only Mike
My dear Ginny
Andy 'in translation' Harris
Gorgeous Georgie
Large Louis
Greek Mihalis & Saffa Simon
Lovely Laura
Main-man Luke
Perfect Dave
The Great 'Godders'
Pete 'the meat'
'Scouser' Nic
Sarah 'Tiddles'
Lou 'M'
Darling pregnant Lana

Dank jullie wel...
Zoveel mensen hebben zo hard gewerkt en meegeholpen om dit boek te maken. Jullie hebben stuk voor stuk fantastisch werk geleverd en ik dank jullie uit de grond van mijn hart. Zonder jullie had ik er nooit met zo veel plezier aan gewerkt... Mocht ik in de onderstaande lijst iemand vergeten zijn, laat het me weten, dan zorg ik ervoor dat dat in de volgende edities recht wordt gezet!

Zoals altijd gaat mijn liefde en dank uit naar Jools en onze drie lieve dochters Poppy, Daisy en Petal. Dankzij jullie is het altijd een feest om thuis te komen. Veel liefs aan mama en papa voor hun steun, en natuurlijk aan mijn surrogaatvader, de altijd inspirerende 'Italian Stallion' Gennaro Contaldo. Ik heb het al eerder gezegd en ik herhaal het nogmaals: ik heb echt het allerbeste keukenteam ter wereld! Ginny Rolfe, Sarah Tildesley, Georgie Socratous, Anna Jones, Pete Begg, Claire Postans, Bobby Sebire, Christina McCloskey, Laura Parr, Daniel Nowland, Joanne Lord en Helen Martin: jullie zijn een zegen om mee te werken en ik hou van jullie allemaal. Een speciaal woord van dank voor Siobhan Boyle, voor haar inzet en vele testwerk in Spanje. Ook Abigail 'Scottish' Fawcett, Laura Fyfe en Kate McCullouhg dank ik heel hartelijk voor hun testwerk. David Loftus: vriend, ondanks je ongeneeslijke PDS ben je er toch weer in geslaagd om voor ons inmiddels tiende boek samen de meest fantastische foto's te maken! En dan het fantastische redactieteam dat dit boek weer in recordtijd voor elkaar heeft gebokst: het knettergekke, creatieve genie Andy Harris en zijn rechterhand in dit project, mijn dierbare Katie Bosher. Hartelijk dank, jullie beiden. Ik ben ook veel dank verschuldigd aan mijn tekstmeiden Rebecca 'Rubs' Walker en Bethan O'Connor. Een speciaal woord van dank voor Interstate Associates – de briljante ontwerpers die mijn woorden en Davids foto's tot dit prachtig boek gesmeed hebben. Ik ben jullie allemaal enorm dankbaar voor de toewijding en inzet waarmee jullie dit boek hebben gemaakt tot wat het is. Het resultaat mag er wezen! Jayne Connell en twee van mijn favoriete Essex-girls, Louise Caton en Lucy Self (ik zie jullie gauw weer bij Duke's!). Brian Simpson, voor het introduceren van een heel nieuwe manier van werken, en James Jeanes en Ben Watts. Niet te vergeten het fantastische team van Penguin, dat mij altijd volledig steunt, ongeacht waar ik mee op de proppen kom, en ervoor zorgt dat het resultaat zonder uitzondering subliem is: veel dank en liefs aan Tom Weldon en Louise Moore voor hun steun, aan mijn goede vrienden art director John Hamilton en culinair uitgever Lindsey Evans, en aan de altijd efficiënte Juliette Butler, Keith Taylor, Nick Lowndes en Laura Herring voor de manier waarop ze ons op het juiste spoor hebben gehouden. Dank ook aan Clare Pollock, Chantal Noel, Kate Brotherhood, Elizabeth Smith, Jen Doyle, Anna Rafferty, Naomi Fidler en Thomas Chicken. Heel veel liefs voor de fantastische Annie Lee, Helen Campbell, Caroline Pretty en Caroline Wilding voor hun niet-aflatende inzet. Dit prachtige boek had nooit tot stand kunnen komen als Fresh One ons niet naar de waanzinnige en beeldschone plekken had gebracht. Zoe Collins, Jo Ralling, Roy Ackerman, Nicola Gooch, Emma Palmer-Watts en Sophie Alcock. En natuurlijk mijn vaste televisieteam tijdens deze trips (waarvan enkelen op de foto's hiernaast) – jullie hebben zoals gewoonlijk weer enorm hard gewerkt en stonden altijd voor me klaar: lieve Lana Salah (als het een jongetje wordt, kun je hem maar beter Jamie noemen!), Nicolanne 'Scouser' Cox, Laura Abrahams en Katie Millard, Luke 'Coconut Balls' Cardiff, Mike Sarah, Godfrey Kirby, Dave Miller (zulk perfect haar!), Simon Weekes, Pete Bateson en Mihalis Margaritis. Op elke trip zijn we fantastisch geholpen door lokale toeristenbureaus, cateraars en tolken. Hartelijk voor alles wat jullie voor ons hebben gedaan. En dan de regelaars en klusjesmensen in de diverse landen – jullie hebben echt uitstekend werk geleverd. In Spanje Richard Webb en zijn team, René Zuber in Stockholm, Tim Buxton en zijn maten in Marrakesh, Nicola Rosada in Venetië, Nico Mangriotis in Griekenland en Victoria McClements en Fabienne Boussier in Frankrijk. Er komt echt heel veel werk en planning kijken om alles achter de schermen soepel te laten verlopen, dus bij dezen een ferme verbale knuffel voor mijn sublieme, persoonlijke team. Mijn goede vriendin en bondgenoot Louise 'M' Holland, Liz McMullan, Holly Adams, Saffron Greening, Beth Richardson en Paul Rutherford. Ik zou niet weten wat ik zonder jullie zou moeten beginnen, dus hartelijk dank voor jullie goede zorg. En dan de mensen op kantoor, die dag in dag uit fabelachtig werk verrichten – veel dank en liefs aan mijn CEO, John Jackson, Tara Donovan en hun teams, van online tot marketing, pr en accounts... de lijst is haast eindeloos – allemaal hartstikke bedankt! En ten slotte, maar zeker niet in de laatste plaats, enorm veel dank aan alle fantastische mensen die ik op mijn reizen heb ontmoet, van wie velen in dit boek voorkomen. Ik heb bij lange na niet genoeg ruimte om jullie allemaal persoonlijk te bedanken, maar ik werd overal met evenveel warmte en gastvrijheid ontvangen. Dank voor de inspiratie, de fantastische tijd en de talloze onvergetelijke herinneringen.

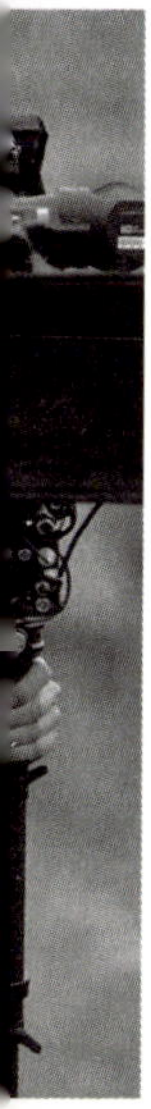

FREE
CITY
FERAL EQUIPMENT .COM

Register

- **Vetgedrukte** paginanummers verwijzen naar een illustratie
- Trefwoorden in *blauw* verwijzen naar een essentieel ingrediënt zoals beschreven in een van de zes hoofdstukken
- v duidt op een vegetarisch gerecht